本书为国家社会科学基金重点项目"军事社会学的理论脉络及其本土化构建研究"（22ASH003）的阶段性成果

军事研究中的质性方法

[葡]海伦娜·卡雷拉斯
[巴西]塞尔索·卡斯特罗 著

那 瑛 译

哈尔滨工程大学出版社
Harbin Engineering University Press

黑版贸登字 08-2024-009 号

图书在版编目(CIP)数据

军事研究中的质性方法 / （葡）海伦娜·卡雷拉斯，（巴西）塞尔索·卡斯特罗（Celso Castro）著；那瑛译
. — 哈尔滨 ：哈尔滨工程大学出版社，2020.12
（军事社会学译丛）
ISBN 978-7-5661-2834-8

Ⅰ. ①军… Ⅱ. ①海… ②塞… ③那… Ⅲ. ①军事社会学-研究方法 Ⅳ. ①E0-052

中国版本图书馆 CIP 数据核字（2020）第 221933 号

选题策划	邹德萍	开　本	787 mm×1 092 mm　1/16
责任编辑	邹德萍	印　张	14.5
封面设计	李海波	字　数	253 千字
		版　次	2020 年 12 月第 1 版
出版发行	哈尔滨工程大学出版社	印　次	2020 年 12 月第 1 次印刷
社　址	哈尔滨市南岗区南通大街 145 号	书　号	ISBN 978-7-5661-2834-8
邮政编码	150001	定　价	78.00 元
发行电话	0451-82519328	http://www.hrbeupress.com
传　真	0451-82519699	E-mail：heupress@hrbeu.edu.cn
经　销	新华书店		
印　刷	哈尔滨午阳印刷有限公司		

"军事社会学译丛"总序

《左传》云："国之大事，在祀与戎。"《孙子兵法》开篇指出："兵者，国之大事，死生之地，存亡之道，不可不察也。"古今中外，军事与战争是决定一个国家和民族命运的头等大事。

当今世界正面临着百年未有之大变局，我国既处于发展的重要战略机遇期，又面临着不可预料的外部风险。习近平同志指出："全军要正确认识和把握我国安全和发展大势，强化忧患意识、危机意识、打仗意识，扎扎实实做好军事斗争准备各项工作，坚决完成党和人民赋予的使命任务。"

对于军事斗争，长久以来我国的军事思想不仅探寻军事战略战术，而且尤为重视军内、军政、军民关系，从《孟子》中的"天时不如地利，地利不如人和"到毛泽东同志指出的战争决定因素"是人不是物"，均充分强调了军事问题的社会性质。在现阶段充分继承这一思想，采用科学的方法对军事问题进行社会学分析，复兴并推动我国的军事社会学研究，无疑是"强军兴军"战略的必然要求。

军事社会学的研究始于 19 世纪末 20 世纪初的俄罗斯帝国。第二次世界大战前后，在苏联、美国等国家，军事社会学研究受到普遍重视。1941 年，美国成立了旨在调查军队中意见和态度的军队信息与教育研究所。该研究所对发生在美国国内外的战争进行社会心理学和社会学的研究。这项工作规模宏大，被描绘成"社会学界迄今为止最有野心的计划"。其大部分研究成果于 1949 年由塞缪尔·斯托弗和他的助手们收录在了名为《美国士兵》的著作中，它肯定并强调了群体研究、组织研究、理论研究、方法论研究和应用研究的重要意义。1965 年，美国社会学家 C. H. 科茨和 R. J. 佩里格林撰写的《军事社会学》一书出版，标志着军事社会学作为社会学的一个分支学科正式形成。最初，相关研究因其直接解决军事问题的应用性取向而使学术性有所牺牲，且其关注的问题集中于军事领域内部。

在之后的发展中，军事社会学的研究领域日益扩展，对军事问题的社会基础、社会后果等更具社会学风格议题的研究逐渐增多，并且关注不同时代出现的新问题，如恐怖主义、网络战争等。

我国军事社会学研究始于20世纪80年代中期。1984年10月，中国人民解放军南京政治学院许祥文在《解放军报》发表了《创立具有中国特色的军事社会学》一文，拉开了我国军事社会学研究的序幕。三十多年来，军事社会学在明确学科方向、建立学术机构、汇聚学术队伍、开展学术研究等方面取得了一定的成绩。然而，不容忽视的是，由于军事社会学学科新、起步晚，加之整个社会发展的重点多集中在经济建设领域，因此军事社会学研究既缺乏有深度的、系统的基础理论研究，也缺乏扎实的经验研究，更缺乏对世界军事社会学前沿和动态的了解与把握。

哈尔滨工程大学的前身是中国人民解放军军事工程学院（简称"哈军工"），为我国的国防现代化做出了不可磨灭的贡献。国防现代化不仅需要军事科技这样的硬实力，还需要军事社会学这样的软实力。作为哈军工的传人，我们在新时代有义务担负起推动军事社会学发展的重任。为了学习与借鉴西方较为成熟的研究成果，迅速提升我国军事社会学研究水平，我们与哈尔滨工程大学出版社合作，翻译、出版了这套"军事社会学译丛"。

本译丛第一批共有10部著作。例如，《文明与战争》《战争、国家与社会》是"宏观定位著作"，围绕军事社会学的核心主题"战争"展开，探讨战争与国家、社会与文明的关系；《社会学与军事研究：经典与当代的奠基》是"理论奠基著作"，将军事社会学放入社会学的整体思想脉络中考察，寻求军事社会学的社会理论之根；《文武之道：新时代的军人与国家》《士兵与平民》是"结构性分析著作"，聚焦军队在社会结构中的位置，探求军队、军人与其他重要社会群体的关系，分析军事问题的社会基础与社会后果；《军事社会学手册》《劳特利奇军事研究方法手册》是"工具性著作"，为进行军事社会学研究提供全面的理论与方法；《德国的新安全人口统计：人口老龄化时代的军事招募》是"时代前沿著作"，聚焦"人口老龄化"这一各国当代普遍存在的重要人口现象对军队的影响，这对我国极具借鉴价值。

这10部著作涵盖了军事社会学研究的宏观与微观、理论与方法、经典与前沿，描绘了一个较为完整的军事社会学研究谱系，为我国军事社会学的发展提供了可借鉴的资源。相信在学界的共同努力下，今后会有越来越多的军事社会学成果不断问世，共同推动这一学科的发展。

撰 稿 人

安娜·亚历山大(Ana Alexandre)拥有里斯本大学 ISCTE 研究所的社会学硕士学位，目前是社会学研究中心(CIES-IUL)的研究员，在该研究中心担任研究助理，研究"冷战"后葡萄牙武装部队的作用。

海伦娜·卡雷拉斯(Helena Carreiras)拥有欧洲大学研究所(意大利佛罗伦萨)的社会和政治科学博士学位，是里斯本大学学院(ISCTE-University Institute of Lisbon)的教授和社会学研究中心(CIES-IUL)的高级研究员。2010 年至 2012 年，担任葡萄牙国防研究所副所长。

塞尔索·卡斯特罗(Celso Castro)拥有社会人类学(国家博物馆/UFRJ，巴西，1995 年)博士学位。他是巴西里约热内卢盖图罗·瓦格斯(Getulio Vargas)基金会的社会科学与历史学院的教授和现任主任。他是几本关于巴西社会和历史中的军队的书籍的作者。

德尔芬·德肖·鲍默(Delphine Deschaux Beaume)拥有(法国)格勒诺布尔政治研究所的政治学博士学位。她曾在法国格勒诺布尔政治学院、萨瓦大学、里昂第二大学和巴黎伊索斯大学索邦分校任教。目前是法国国家科学研究中心(CNRS)和格勒诺布尔和平学院的研究员。

赛义德·哈达德(Saïd Haddad)拥有政治学博士学位，是法国圣西尔军事学院社会学高级讲师。他是信息与通信部的负责人，雷恩大学人类学和社会学实验室的研究员，阿拉伯和伊斯兰世界研究所(IREMAM/CNRS，普罗旺斯地区的艾克斯，法国)的研究员。他的研究领域包括：西方军队中的少数民族和种族；军事文化的专业化和变革；文化作为法国军队军事行动的作战资本。

杰丽娜·朱万(Jelena Juvan)拥有国防科学博士学位(2008 年)，在斯洛文尼亚的卢布尔雅那大学的社会科学学院国防研究中心担任研究员。研究领域包括军事家庭、战争与宗教、和平行动、军事组织中的人的因素、军事组织与社会的关系、军民关系。

查尔斯·柯克(Charles Kirke)曾在英国服役(36 年),目前在克兰菲尔德大学人类系统中心担任军事人类学和人类因素方面的讲师。他的主要研究领域是英国军队的组织文化。

德克·克鲁伊特(Dirk Kruijt)于 1993 年至 2008 年担任发展研究教授,目前为荷兰乌得勒支大学名誉教授。曾任荷兰拉丁美洲和加勒比研究协会(NALACS)主席(1994—1998 年)。他的研究领域是(经济、社会和政治的)信息化、武装行动者、军民关系、军事政府、有组织犯罪和城市暴力。

菲尔·C. 朗格尔(Phil C. Langer)拥有慕尼黑大学文学研究(2002 年)和心理学(2009 年)博士学位,是法兰克福大学社会学和社会心理学助理教授。2009 年至 2011 年,在施特劳斯贝格的联邦国防军社会科学研究所担任高级研究员,并在波茨坦大学担任社会学讲师。他的研究领域包括与军事相关的问题、健康和性别问题、社会研究的质性方法和"大屠杀教育"(Holocaust Education)。

皮耶罗·C. 莱纳(Piero C. Leirner)拥有圣保罗大学社会人类学博士学位(2001)拥有现为圣卡洛斯联邦大学副教授。他的研究侧重于战争人类学,主要涉及以下主题:国家、等级制度、战争和军事。

伊恩·利本伯格(Ian Liebenberg)拥有社会学博士学位、发展研究和政治学硕士学位。是南非萨尔达尼亚的南非军事学院军事研究中心(CEMIS)的高级研究员,曾在斯泰伦博斯大学军事学院政治学系讲课。

亚历杭德拉·纳瓦罗(Alejandra Navarro)拥有布宜诺斯艾利斯大学社会科学博士学位,是马德普拉塔大学的质性方法和布宜诺斯艾利斯大学的社会科学研究方法方面的讲师。

卡斯滕·皮奇(Carsten Pietsch)拥有政治学、社会学和历史学硕士学位(2006 年),目前正在开发一个关于"欧洲安全和防务政策架构中决策机构"的博士项目,是施特劳斯贝格德意志大学社会科学研究所的研究员,也是波茨坦大学社会学讲师。

扬贾·乌加(Janja Vuga)毕业于斯洛文尼亚卢布尔雅那大学社会科学学院国防研究系,目前是博士生。自 2007 年以来,她一直在社会科学学院担任研究员和助教,并担任国防研究主席。她的研究领域是多国和平行动、公众舆论、军民关系和军队中的性别问题。

目　　录

引　言

塞尔索·卡斯特罗，海伦娜·卡雷拉斯

在社会科学领域中，军事研究出现了大规模的、迅速的增长。大约【1】
50 年前，库尔特·朗（Kurt Lang）对美国和欧洲的军事研究进行了一项调
查，写出了 528 篇重要文献。最近，特别是在"冷战"结束之后，关于军事
和社会的研究在内容、规模和影响方面都有了很大的增长。

然而，这些参考文献中只有很小的一部分深入研究了所使用的研究方
法，特别是在质性方法方面。构成研究者分析基础的数据，常常呈现得好
像它们是立等可取的，而不是研究者与那些参与研究并使之成为可能的人
以及军事机构之间互动的产物。

本书旨在讨论与这种交互作用相关的问题。这对于理解完成研究的条
件，以及所呈现的数据和最终分析的本质都是至关重要的。换句话说，我
们假设获得数据的条件与对数据的理解有关。我们认为，研究者融入研究
环境——在本例中，是军事机构——会影响获取数据的过程，进而影响对
数据的分析。

研究者如何进入军事机构的？他们与军事人员建立何种类型的互动？
他们如何应对军营的等级世界？如果研究者是军队的一员，或者作为公务
员在该机构工作，会发生什么呢？在研究过程中，性别差异会在多大程度
上影响互动？该机构如何公布得到的研究结果？在接下来的章节中，我们
将从不同的角度来探讨这些问题。

因此，本书的目的远不是介绍每位作者在其工作中获得的内容和具体
成果（尽管这些内容在某种程度上必定要出现在文本中），而是更多地反思
使用质性研究方法的条件，以及如何在军事机构的背景下进行质性研究。【2】
编者们做出的一个关键决定是，只选择那些根据具体的研究经验来讨论质

性方法运用的研究成果，因为对研究方法的讨论如果脱离其经验语境，是不会有成果的。

本书具有得天独厚的多样性，汇集了一系列有贡献的研究。这些研究使用了一系列质性方法和技术——从民族志和参与观察，到深度访谈或焦点小组——以及比较的和混合的方法设计。我们也尽量考虑到来自不同学科背景的研究者——人类学、社会学、历史学、社会心理学和政治学——以及各种理论取向，这种多样性丰富了我们希望受到鼓励的讨论。最后，这里汇集的作者来自不同的国家，避免了在这些问题上过分强调种族中心主义观点的风险。来自阿根廷、比利时、巴西、法国、葡萄牙、荷兰、德国、英国、南非和斯洛文尼亚的研究者，探讨了他们在具体军事环境中进行质性研究的方法论意义。

本书涉及各种各样的主题，讨论了不同的研究方法和技术的使用。分析的主题包括研究者如何进入现场，军队的组织文化，研究的制度框架，互动模式和研究关系，等级制度和纪律——军事机构的两大支柱——对研究过程的影响，与性别相关的动力学，作为"内部人"的研究者的"陌生人"状态，研究结果的发表以及应用合同研究中的伦理挑战。在各种研究方法和技术中，突出了民族志和人类学的实地研究、直接的参与观察、深度访谈和焦点小组、文献和内容分析以及比较研究。

在方法论主题方面探索什么以及如何做，提供给作者的指南是相当开放的。然而，在进行研究和总结田野经验时，他们都有类似的观点，认为需要反身性。承认在军事背景下进行研究的复杂社会环境，是每一章的核心关注点。反身性的实践是本书的核心，它是提高研究过程中问责制的质量，并最终优化问责制的方法（Burawoy, 2003; Higate and Cameron, 2006）。

虽然反身性的概念在质性方法中被广泛使用，其价值在最近几十年在大多数社会科学学科中被广泛认同，但它在军事研究领域中仍然处于边缘地位。这种边缘化被认为是由许多原因造成的：实证主义认识论范式和应用心理学模型的主导地位；军事社会学在广泛的社会学领域中属于边缘分支学科；以及明确的军事议程对研究的影响，这些议程旨在提高武装部队的效率和效能，从而推动了一种工程而非启蒙的社会研究模式（Kurtz, 1992; Higate and Cameron, 2006）。

【3】

反身性思想的出发点是，社会研究者不可能脱离他或她正在观察的事物。它是"一个敦促研究者明确检查其研究议程和假设、学科定位、个人信仰和情感是如何进入他们的研究中的挑战过程"（Hsiung, 2008）。研究者被概念化为知识生产的积极参与者，而不是中立的旁观者。这种认定涉及研究者对其在形成研究成果方面的贡献和影响进行持续的评估。

然而，反身性有不同的解释和可能的用法。其中之一强调了研究者的结构性的现实地位决定了他/她对现实的认识。基本论点是基于这样一个假设，即位置决定感知和认知。在其最激进的相对主义版本中，这种解释认为"他者"是不可达到的，除非一方通过经验成为另一方，最终我们将不得不像他者自己那样去理解他们，因此，作为研究者我们将不得不重新定位自己，以便能够更好地理解（Rosaldo, 2000）。然而，正如萨尔兹曼（Salzman）在一篇关于人类学中反身性概念的使用和限制的评论文章中指出的那样，"我们必须像他者自己那样去理解他们的普遍观点似乎质疑了人类的移情、同情和想象的能力"（Salzman, 2002: 808）。根据萨尔兹曼的说法，不考虑环境和处境而对"位置"的抽象引用导致了分析范畴的物化，并使得反身性的概念毫无用处（Salzman, 2002: 810, 812）。

在本书中，我们试图通过在特定的社会背景下观察研究者的位置，避免对其影响进行抽象描述。各章提供了一个机会，研究"在行动而非在休息"的位置性（Salzman, 2002: 810），以及位置性比较或反映经验的可能性。从这个意义上说，反身性也可以理解为使用他人的信息来洞察自己（Easterby-Smith and Malina, 1999）。

除了进行一些自我审问和自我报告的练习外，我们认为，军事研究的相关方法学的贡献可能来自公开辩论和批评的过程，来自不同作者在军事背景下使用质性方法的观点、成就和困难。我们不仅将自反性理解为研究者对其在该领域中的地位的自我意识，而且理解为明确该地位及其对研究过程的影响的关键能力。

在第一章中，塞尔索·卡斯特罗（Celso Castro）从自反性的角度，概述【4】过去 20 年来在巴西武装部队中进行实地考察的十几名研究者的研究进展。他的章节基于这些研究者的个人陈述（汇编在《军事人类学》（*Antropologia dos Militares*）一书中，里约热内卢，扎哈尔，2009 年，塞尔索·卡斯特罗和皮耶罗·C. 莱纳编辑），集中讨论了他们田野经验中的一些核心问题，作者们认为这对于巩固军事研究的人类学视野非常重要。这篇综述及相关讨论为本书的其他章节的完成奠定了基础。

接下来的两章由柯克(Kirke)、朗格尔(Langer)和皮奇(Pietsch)明确阐述了自反性，并通过关注研究者的地位和研究的制度框架来实现自反性。查尔斯·柯克(Charles Kirke)描述了1996年至2002年一项关于英国陆军单位级组织文化研究中出现的理论和方法论问题。作者本人是一名现役军人，他对自己作为研究组织的一名正式成员的"内部人身份"进行了反思。这使他审视了"内部性"的本质及其在不同情况下的可变性，进而引发了他对内部性程度的类型化描述。尽管本章中的挑战和问题是在英国陆军的特定环境中出现的，但这些挑战和问题也与以下人员有关：那些想要调查任何纪律严明的人类群体的人，那些希望在社会科学中使用模型的人，以及那些发现自己以内部人而不是以陌生人的身份进行社会科学研究的人。

在第三章中，朗格尔和皮奇以研究的制度框架问题为基础，讨论了武装部队应用合同研究的方法论和伦理问题。2010年，德国联邦国防军社会科学研究所(Bundeswehr Institute of Social Sciences)开展了一项跨文化能力的质性研究，作者们利用这项研究对以下问题进行了探讨：应用合同研究的特殊挑战，并对武装部队内部的研究条件及其方法论内涵进行批判性和自我反思的分析。

从另一个角度来看，伊恩·利本伯格(Ian Liebenberg)带领我们进入了一个自我反思的旅程，他介绍了自己撰写博士论文的过程，探讨了SATRC(南非真相与和解委员会)与其在后种族隔离民主国家中对平民控制的潜在影响之间的联系，讨论了自我民族志的用途和重要性。他认为，自我民族志可以为理解社会政治增加价值，同时将研究结果从强加的客观性或万能不变的"普遍真理"中解放出来的，他主张将自我民族志作为军事社会学家的工具。

【5】　在《指挥链对人类学研究的副作用：巴西军队》一章中，皮耶罗·C. 莱纳(Piero C. Leirner)在与军方合作进行民族志研究的框架内，进一步发展了内部人/外部人的双重性主题。从广泛讨论人类学家"与军队合作"的想法开始，他试图通过研究期间和研究之后可见的症状和(或)副作用，来

确定与巴西军队合作进行民族志研究的结果。通过分析已建立的关系以及未建立的关系，可以观察到"朋友"和"敌人"概念在定义军事世界与"外部世界"之间广泛联系中的核心地位。

当研究者来自"外部世界"时，准入军队的问题是亚历杭德拉·纳瓦罗（Alejandra Navarro）这一章的重点。它探讨了 2008 年至 2010 年，作者得以访问阿根廷军队的两个军事机构的复杂决策过程。基于一项最初旨在分析阿根廷军队三个队列的社会起源、社交模式、空间轨迹和入伍动机的研究，纳瓦罗阐述了与线人和潜在守门人的长期谈判过程对研究设计其他组成部分（具体目标、案例选择和研究工具构建）的影响。本章的中心思想是，访问被理解为一个动态和灵活的过程，不应低估这个过程，因为它可能对研究的发展有相当大的影响。

类似的特别关注是关于性别对军事环境中的研究的影响，卡雷拉斯（Carreiras）和亚历山大（Alexandre）讨论了性别可能影响研究过程的各个方面。根据 2009 年葡萄牙驻科索沃维持和平特派团的研究，他们讨论了研究者和研究对象的性别影响、研究对象的性别解释、情境的性别特质以及研究主题的性别重点。该论述的目的是说明，在这一具体案例中，研究者如何处理研究过程中的性别层面，包括其角色谈判时所涉及的权衡，以及在进行实地研究时承认性别影响所需的控制形式。

乌加（Vuga）、朱万（Juvan）和德肖·鲍默（Deschaux Beaume）在接下来的章节中提出了有关质性方法在军事研究中的适用性的重要问题，探讨了具体研究设计（即混合方法和比较方法）的适用性和挑战。根据他们 20 年来研究斯洛文尼亚武装部队（SAF）的经验，扬贾·乌加（Janja Vuga）和杰丽娜·朱万（Jelena Juvan）研究了质性方法对军事组织研究的适用性，强调了信度和效度问题。在回顾了军事作为研究背景的本质所带来的一系列具体挑战后，他们坚持认为，各种方法以及（在某些情况下）研究者的三角测量被证明是确保数据的信度和效度的最合适策略。【6】

德尔芬·德肖·鲍默（Delphine Deschaux Beaume）在她的章节中探讨了使用质性和比较方法研究军队的意义。该章以作者的博士论文为基础，论述了欧洲安全与防务政策（European Security and Defence Policy, ESDP）的起源、实践和作用，重点是法国和德国 ESDP 行动者（军事和外交人员）在起源、日常实践和表现等方面的比较。其提出了三个相互交织的主要问题：第一，质性调查和军事任务的保密；第二，军事领域质性方法的可比性问题，特别是与访谈有关的问题；第三，关于研究员相对于军官的地位的反思。

赛义德·哈达德（Saïd Haddad）和德克·克鲁伊特（Dirk Kruijt）撰写的另外两章探讨了具体的研究方法以及这些方法在不同研究经验中的使用方式：焦点小组和访谈。哈达德的章节是关于法国军方对多国行动看法的研究，讨论了军事背景下焦点小组访谈或小组访谈技术的特殊性，并分析了影响研究动态和结果的各种因素：研究者的地位，包括他或她在选择访谈对象时的自主性以及他或她对受访组织的实际责任；群体的合法性和数据信度；访谈的真正目的；对影响访谈的非语言因素的考虑；以及研究发生的政治和社会背景。

德克·克鲁伊特的贡献是对其研究进行了丰富多彩且详细的描述，该研究基于自20世纪80年代中期以来对拉丁美洲军队和游击队高层领导的深入访谈。作者采用一种强烈而生动的叙述风格，描述了一种研究风格的发展，在这种研究风格中，亲密的对话、共同的信心、对军事精神和文化的敏感、团队精神和对"平民"保持沉默的文化是至关重要的。在克鲁伊特（Kruijt）的建议中，这种采访方式是评估重要的非官方当代历史的基本工具：镇压叛乱的行动、和平谈判、军方和"平民"政客之间的协议、经济和政治精英与后军政府之间的政变前谈判。

这本书的构思最初产生于2010年7月在瑞典的哥德堡举行的第十六届世界社会学大会期间，由国际社会学协会研究委员会01"武装力量与冲突解决"组织的"军事研究中的方法论问题"会议。会议征集论文时，研究者们展现出来的极大兴趣和会议过程中的热烈讨论使我们确信，应该让更广泛的公众参与到这个主题的讨论之中，意在鼓励更多的关于在军事机构的经验环境中运用研究方法的讨论。这是本书的主要写作目的和建议。

参考文献：

Burawoy, Michael（2003）"Revisits: An Outline of a Theory of Reflexive Ethnography, "*American Sociological Review*, 68(5): 645-678.

Easterby-Smith, Mark and Danusia Malina（1999）"Cross-Cultural Collaborative Research: Toward Reflexivity, " *The Academy of Management Journal*, 42(1): 76-86.

Higate, Paul and Ailsa Cameron（2006）"Reflexivity and Researching the Military, "*Armed Forces and Society*, 32(2): 219-233.

Hsiung, Ping-Chun（2008）"Teaching Reflexivity in Qualitative Interviewing, " *Sociology*, 36(3): 211-226.

Kurtz, Lester R.（1992）"War and Peace in the Sociological Agenda, " in Halliday, Terence C. and Morris Janowitz(eds.), *Sociology and its Publics*, Chicago, University of Chicago Press.

Rosaldo, Renato(2000)"Grief and a Headhunter's Rage, "in McGee, Jon R. and R. L. Warms(eds.)*Anthropological Theory*, 2nd edition, Mountain View, CA, Mayfield Publishing, pp. 521-535.

Salzman, Philip Carl(2002)"On Reflexivity, " *American Anthropologist*, 104(3): 805-813.

1　人类学方法和军事研究：
巴西的经验[1]

塞尔索·卡斯特罗

【8】　　　　关于军事机构的人类学研究仍然很少。出现在必修课程教学大纲中并被认为是学科经典的作者或书籍中，没有一本将职业军人作为调查对象。直到最近几十年，人类学家才开始研究军事，尽管人数很少。

　　在巴西，过去的 20 年里，大约有十名研究者在军队中使用参与观察法进行了实地调查。参与观察法是一种经典的人类学研究方法，它是在 20 世纪初由弗朗茨·博厄斯和布罗尼斯拉夫·马林诺夫斯基等现代人类学的"奠基人"确立的 。本章基于这些研究者的个人陈述（汇编在《军事人类学》一书中，塞尔索·卡斯特罗和皮耶罗·C. 莱纳编辑，2009 年出版），集中讨论了他们经历中的一些核心问题：研究者的现场进入；与"当地人"的互动模式；等级制度和纪律——军事机构的两大支柱——影响研究过程的方式；与性别相关的动力学；以及与研究结果的发表有关的问题。

　　这项研究是在过去的 20 年里进行的，这一时期人们对理解巴西的"军事世界"重新产生了兴趣。在此之前，社会科学和历史领域的大部分工作都集中于军事干预政治（特别是通过叛乱运动或政变）或 1964 年至 1985 年该国长达 21 年的军事政权的更迭（着重于军事从属公民权力的分析）。

　　以政治层面为中心的研究路径之所以突出，原因很容易解释。自 1889 年巴西通过军事政变建立共和国以来，军队在整整一个世纪里一直是巴西历史中的一个重要角色，推动了其他的几次政变和干预，尽管平民很快恢复了权力。这一模式的例外是 1964 年至 1985 年政治权力的直接行使，当【9】时巴西先后由五位总统执政。从 1985 年开始，随着向公民政府的过渡、重新民主化的进程以及"新共和国"的诞生，军队在巴西逐渐失去了政治上的重要性。需要指出的是，在 20 世纪的最后 25 年，它从未对民主构成重大威胁。然而，军事政权的经历给巴西社会留下了印记，包括深受专制行为影响的知识分子。[2]

　　巴西军队的人类学研究始于军事政权结束后，并在这一时期认识到政治科学家在 20 世纪 70 年代和 80 年代所做的大部分工作的重要性。[3] 然而，它赋予了新研究主题以中心地位：兵营中的日常生活；职业社会化的过程；军人身份的构建；军事社区和建筑物中的家庭生活；军队与民族志学者之间的关系。这些研究力求促成对军事世界的更深入理解，更好地理解军营生活，并拓宽人类学在研究我们自己社会的中央国家机构时所面临的问题。

两个世界：军队和平民

　　作为巴西军事人类学研究的先驱，1987 年至 1988 年，我在阿古拉斯-内格拉斯军事学院（AMAN）进行田野调查，1989 年，我的硕士论文《军事精神》完成了答辩，该论文于 1990 年作为专著出版。阿古拉斯-内格拉斯军事学院是唯一一所在寄宿制学校制度下通过四年课程培训巴西陆军职业军官的本科学校。我的研究重点是军人身份的建构过程，正如该学院学员在整个职业社会化过程中所要经历的那样。我试图克服关于军队的"外部"观点，这种观点倾向于用另类的和种族中心主义的观点来审视他们，并努力获得对他们社会世界的"内部"看法，从而了解军人身份是如何构建的，以及其世界观是如何构建的。

　　必须强调的是，我这里"内部"和"外部"两个词的使用并不指向任何所谓的还原主义（reductionist）观点。还原主义的观点把军事机构从它所属的社会中"孤立"出来。相反，我认为，这两个词是努力理解军队的基本"本土类别"的主要结果，其依据是军队在"内部/外部""军事世界/环境"（mundo/meio militar）和"平民世界/环境"（mundo/meio civil）之间制造的象征性区别。这些类别不是描述性的术语：它们是军事世界观的结构性要素，加入军队首先意味着不做平民。该书中聚集的研究者一致认为，平民和军队的对抗是军人身份不可或缺的一部分。

　　　这种关系中的一个极——军队——在价值观上比另一个极的平民——或者如他们自己所说的派萨诺——在等级上更为优越。这种优势不是个人的，而是集体的。军人感觉自己是军事"世界"或"环境"的一部分，而军事"世界"或"环境"比平民"世界"或"环境"更优越：他们认为自己更有组织、更诚实、更爱国。

　　需要强调的是，这些类别是在非历史性的互动中更新的。也就是说，它们被嵌入一个具有历史和文化特征的"可能性领域"中，并且随着时间的推移而改变，尽管这种改变与其他机构相比速度较慢。应该指出的是，平民调查人员关于军事机构的研究结果本身会影响这些互动。在理论层面上，最重要的是不要忽视这样一个事实，即"平民"和"军队"等类别同时属于情境逻辑（在特定情境下变得有效，即在特定情境下，这些类别"开始行动"并可以被重申、质疑、修改或转换）和关系逻辑（它们只存在于与其他类别的对立中，如"平民""敌人"等）。

　　"在这里（in here）"和"在那里（out there）"之间有对比和永久重申的关系，要适当地认识到它们的差异，是阿古拉斯–内格拉斯军事学院学员所服从的军人身份的社会建构过程的基本方面。尤其是在初期阶段，被欺骗性地称为"适应"的时期，充满了与外部世界突然而尖锐的象征性破裂的例子。从一开始，欧文·戈夫曼（Ervin Goffman, 1961）所谓的"自我羞辱"的机制就付诸实践，从而消除了个人先前的"身份装备"（identity kit）。

　　进入"军人家庭"——这是我们书中反复出现的一个主题——是学员们在寄宿制学校制度下通过职业社会化过程获得的，他们的休假时间很少且受到严格控制。这弱化了他们家庭纽带的分量和强度——对原生家庭的渴望是学员接受的职业社会化的重要组成部分。也就是说，他们在军事学院经历的"二次社会化"获得了一种极端的替代形式（berger and luckmann），这标志着他们进入了一个新的家庭——"军人家庭"，这一过程试图重新创造在初次社会化过程中经历的情感建构。当进入军事学院后，这个年轻人经历了一个构建军人身份的过程，这一过程的前提和要求是解构他先前的"平民"身份，构建一个军人"自我"。即使在他穿行所谓的"平民世界"时，他依旧是军人的身份——最多，他可以穿便装。

　　用齐美尔的话来说，在整个军旅生涯中，同一个"社交圈"里也有大量的互动。因此，"军事世界"变得更加分化，而其成员的个性变得更加无差别。在军事生活中，除了工作场所、居住、休闲和上学的地方也在很大程度上是共享的。这一特征延伸到配偶和孩子，包括整个"军人家庭"。通过该机构组织的联谊活动，以及通过军队同事组织的社交活动，正式和非正式地促进了内生性的社会互动。妻子（在一定程度上，还有孩子）的作用是根本的。一个非正式的，但显而易见的，丈夫等级制度复制般地发生在军人妻子之间。

　　然而，重要的是改变我们的观念，即事实上存在"平民"或"平民世界/环境"——这不仅在军队中，而且在许多研究"军民关系"的研究者之中，都是一种公认的观点。"平民"是一种军事发明。当我被他们按此归类时，相对于军队，我只是一个"平民"。如果我必须列出定义我身份的主要因素，"平民"这一因素却不会出现在其中。然而，对于任何一个军队来说，成为一名军人都是最重要的属性之一，即使不是最重要的。这是因为他们是这个我更喜欢称之为"总体化"（totalizing）机构的一部分，以区别于戈夫曼的"总体机构"（total institution）概念，后者多次运用于军事世界分析（在我看来是不够的）[4]。通过在术语上进行这种更改——从"总体"到"总体化"——我的目的是更好地描述体现和建构军人与平民之间差异特征的军事身份的基本经验和总体经验：集体优于个人。其结果是，在一个充满意义且人们之间"有联系"的连续世界中，军事生涯表现为"总体职业"（total career）。

　　在军事机构中使用参与观察法的人类学家，与其他学科中不使用这种研究方法的同事相比，一个不同特征可能恰恰是感觉像平民的体验，或者在贬值的当地版本中，感觉像一个"乡下人"（paisano）——这通常不是我们社会身份的一部分。它不仅构成了一种智力体验，而且在最广泛的意义上也是一种存在体验。例如，它涉及一种不同的物质性的感知——这是军队的基本心理。

走向军事人类学

就像我说的那样，《军事人类学》展示了 10 个研究项目的结果，这些项目在不同程度上应用了参与观察的田野调查方法来研究军事机构。这些 **【12】** 作者中的大多数都加入了同一个学术网络，分享了共同的经验和参考书目。然而，并不是所有人的职业身份都是人类学家。有些人是社会学家、政治学家或历史学家。尽管如此，他们中的所有人或多或少地具有以人类学成果为标志的研究经历，要么在学术方面与该主题相关，要么是与研究该主题的人类学家有个人关系。最重要的是，在某个时刻，他们都去了实地，与军事人员"有血有肉"地生活在一起，观察或参与军事人员的日常活动，而不仅仅是依靠档案资料和采访。除了阅读文件和文本、听取军事人员的意见外，他们还有机会观察军队日常生活的方方面面。

重要的是要指出该书研究的一些局限性。对军官的研究比对服义务兵役的士兵和新兵的研究要集中得多；对陆军的研究多于对海军和空军的研究；对军事生涯特定时刻的研究多于对军事生涯全过程的研究——从最初的训练到退休。除此之外，不同世代的军人之间以及与其他国家的经验之间的比较研究仍然很少——该书中，马克西莫·巴达罗（Máximo Badaró）撰写的一章是个例外，该章介绍了他对阿根廷军队的研究。

我不确定这种集体经验能在多大程度上推广到其他国家。毫无疑问，军事机构拥有高度的世界主义，不同国家的军人通过这种世界主义分享了他们职业中共有的许多要素。另外，不同国家的现实情况也无疑会产生影响。因此，我希望下面的一般性观察，即便不能帮助阐明其他国家的研究者所经历的问题，也可以作为比较材料。

尽管有可能误解或弱化每个作者的经验差异，我仍然尝试总结和浓缩一个集体的研究经验，因此，我会将重心更多地放在我自己的研究经验上。但是，我相信，作为他们个人研究经验的一个组成部分，我将要介绍的主题或多或少地得到了所有人的认可。

"军人家庭"的实地工作

在进行研究之前，该书中所有的研究者都很少或根本没有与军事机构接触过。唯一的例外是我个人的"军官之子"状况。我的父亲是一名陆军军官，正因为如此，我在童年和青少年时期经常生活在军事社区和军事建筑中，并在军事学校学习了两年。在这种情况下，人类学的自我反思于我而言是必要的。

在军事学院从事研究期间，为了缩小我与研究对象之间的象征性距离，军方和我都有意识地使用了一种策略，那就是始终标记突出我属于军人家庭这一点。"军人家庭"不仅仅是一种生物学上的纽带，它还是一个极其重要的本土类别，它反映了军人世界的一些基本价值观。这个家庭被视为军营的延伸，同时，这个家庭也可以到达军营。在相当程度上，军人的等级地位延伸到其家庭与其他军人家庭的互动中。例如，在聚会中，这种非正式的社交活动通过等级圈子——但也通过性别——将"派系"区分开来。一个例外是女军人，这种情况在巴西军队中还是比较新的。【13】

就我的研究而言，我在请求授权在阿古拉斯-内格拉斯军事学院进行研究的信中，表明了我是"军人之子"的情况。军方总是传达我是"同志之子"的信息。此外，我们还强调我曾在军事学校学习的事实。因为"我们一个同伴的儿子"的状况，使我变成了军队的潜在的"朋友"。这很重要。对于汇集在该书中的研究者来说，一个共同的经历是，他们总是被军方归类为"朋友"或"敌人"，这是他们研究成功或失败的基础。即使存在政治或意识形态上的分歧，也有必要建立某种程度的"信任"。也许这是理想的"战斗"情况的结果（也是一种要求）——军事宇宙观的结构——在这种情况下，军队对与之交往的人的分类是无可厚非的。

作为一名军官的儿子，我远离了那种对军方怀有本能敌意的平民的刻板印象，因为军方并非没有理由地认为当时的巴西媒体和学术界有相当一部分人对军队怀有敌意。与其他平民学者不同的是，尽管我不赞成军队在政治中的角色和军队生活方式的某些方面，但我事先并没有对军队产生情感上的反感。然而，我的"军人之子"状况，并不能保证我是完全值得信赖的。因为，另一方面，我还是一个平民研究员，一个"社会学家"，正如我有时被描述的那样，这一事实一直存在并且在研究期间不断地被重申，使我超越了军事世界或者至少处于军事世界的边缘。这种混合条件——平民研究员和军人之子——赋予了我权力，但也引发了象征性风险。我属于"军人家庭"，与其说是生物学上的确定事实，不如说是一个长期谈判过程中的社会条件，必须不断重申和确认。雷蒙德·弗斯（Raymond Firth）写道，有时"作为观察者的人类学家是活动流程中的一个移动点"。没有什么比这个能更好地描述我在这个领域中的身份的持久转变了。

【14】 # 准入与控制

对于该书中的所有研究者来说，获得机构批准的准入权限是至关重要的：为了使研究得以进行，总是需要获得某种官方授权，并由军方高层中的某位重要人物进行协调。然而，一旦获得授权，在该书所收集的经验中，对研究的控制程度就大相径庭了。在某些情况下，研究者有很大的自由：知道自己"被上级授权"就足够了；在其他情况下，研究的日常程序必须彻底地确定下来，并由一名特别指定的官员密切关注，陪同研究者并调解研究者与"当地人"的接触。

我相信，尽管在某些情况下，通过参与观察并进行实地调查可能会让军方感到不安，但在其他情况下，这种做法也会受到重视——在军方看来，研究者并没有受"外部"偏见的束缚，他愿意与军方人员在一起，接触他们真实的日常生活。我认为，这些特点使得人类学的研究和研究结果（我们所说的和我们所写的文本），比研究军事的其他学科中的同事更难适应"朋友/敌人"的图式。例如，与一个从"外部"角度观察军营并主要讨论政变或军事干预政治的政治科学家或历史学家相比而言。

通常，就该书中汇集的研究者而言，借由仪式被归类为军队的"朋友"是一种令人感动的经历，这使研究者值得信赖。在这种时候，关于研究者为什么不成为职业军人的问题很常见。就女性研究者而言，关于她们如何最终嫁给一名士兵的玩笑话经常出现。除了社会互动的个人层面外，我们还可以看到家族隐喻（familial metaphor）（在其传统版本中，族长具有道德权威和等级优势的地位)在军队与平民之间的关系中如何具有政治相关性：只要观察到军队作为国家守护者、军营作为家庭延续者(通过义务兵役等)的形象再次出现就足够了。

该书研究者的另一个共同方面是，军方对研究结果表现出极大的兴趣，如果我们要说关于他们的"好"/"坏"事，我们会怎么说？这显然与潜在的"朋友"或"敌人"的分类有关。

我要讲的最后一点涉及这样一个事实，即军事机构中的这些研究经验与精英人类学的更广泛经验相吻合。在某人自己所属的社会和社会特权群 【15】
体——即使是象征意义上的而非实质上的——中进行田野调查，会让我们面对面地感受到一些特殊性。绝大多数人类学一直以来并将继续下去的研究对象是与人类学家相关的社会下级群体或者是没有掌握学术语言的群体。然而，以精英为对象的研究则可以逆转这种支配/从属关系的方向。该书总结的许多研究经验表明，很多次，我们发现一些"本地人"，觉得他们的智力、社会地位或道德地位会优于研究者。另外，与巴西学术界的偏见打交道的逆向经验也很常见。在某种程度上，巴西的社会科学领域并不认为军事研究是"高尚的"；在巴西这样一个经历过军事政权的社会里研究军事问题，被认为是一种潜在的"污染"。

注释：

1. 本章的初稿曾经在哥德堡 ISA 2010 会议(RC01)上做过介绍。

2. 关于这个问题，参见贝瑟尔和卡斯特罗的著述(Bethell and Castro, 2008)。

3. 重点参考以下几位学者的研究，Barros (1978)，Carvalho (2005)，Coelho (1976) and Costa(1984)。这些研究者的共同点是视角的问题化，即通过将军事制度与阶级斗争理论联系起来，或者通过假定的"中产阶级"社会出身来解释军队的政治行为，这种视角淡化了军事机构的特殊性。根据上述作者的说法，社会出身在界定军队的政治角色方面是微不足道的，这意味着承认该机构的相对自主性。

4. 尽管戈夫曼将监狱和精神病院作为构建理想的"总体机构"的基本参考，

但他还是把军营和军事学院作为总体机构的例子。然而，我认为，尽管二者在形式上有许多相似之处，但这样对军事院校进行分类的方式却得不偿失，因为它们与戈夫曼的模型存在很大的不同：（1）指导人员和"囚犯"之间不存在严格的社会分工。军事指挥链的性质不同。尽管军官和士兵之间有一道不可逾越的障碍，但军官阶层（包括学员）内部有强大的基于个人功绩的社会交际和社会流动机制。（2）戈夫曼明确指出，整个机构并不寻求对被拘留者的"文化胜利"，而是寻求维持其内部世界和机构世界之间的紧张关系，以便将这种持续的紧张关系作为"控制人的战略力量"。相反，军事学院追求的是"文化胜利"，而不是创造一种"持续的紧张"：军校显然被视为一个通行之地，一个需要学员克服的阶段。（3）戈夫曼的模式主要是指建立强制参与的制度。然而，在军事学院中，只有那些愿意留下来的人才会"被强制"。

【16】 **参考文献：**

Barros, A. de S. C. (1978) "The Brazilian Military: Professional Socialization, Political Performance and State Building," PhD dissertation in Political Science, Chicago: University of Chicago.

Berger, P. and Luckmann, T. (1966) *The Social Construction of Reality: A Treatise in the Sociology of Knowledge*, Garden City, NY: Anchor Books.

Bethell, L. and Castro, C. (2008) "Politics in Brazil under Military Rule, 1964–1985," *The Cambridge History of Latin America – Volume IX, Brazil since 1930:* 165–230, Cambridge: Cambridge University Press.

Carvalho, J. M. (2005) *Forças Armadas e Política no Brasil*, Rio de Janeiro: Zahar.

Castro, C. (1990) *O Espírito Militar: um estudo de antropologia social na Academia Militar das Agulhas Negras*, Rio de Janeiro: Zahar, 2nd ed. rev. and updated (2004) as *O espírito militar: um antropólogo na caserna*.

Castro, C. and Leirner, P. (eds.) (2009) *Anthropologia dos Militares: reflexões sobre pesquisas de campo*, Rio de Janeiro: FGV.

Coelho, E. C. (1976) *Em Busca de identidade: O Exército e a Política no Rio de Janeiro*, Rio de Janeiro: Editora Forense Universitária.

Costa, V. M. R. (1984) *Com rancor e com afeto*: *Rebeliões militares na década de trinta*, Rio de Janeiro: CPDOC/FGV.

Goffman, E. (1961) "On the Characteristics of Total Institutions," in *Asylums: Essays on the Social Situation of Mental Patients and Other Inmates*, New York: Doubleday.

2　内部人类学：
研究者的理论和经验问题

查尔斯·柯克

引　言

　　炮兵连[1]的准尉和军士[2]在军士餐厅[3]招待军官和他们的夫人，大家共进晚餐。新任的炮兵指挥官（BC）是主宾，坐在主持宴会的炮兵连军士长[4]旁边。桌子在蜡烛的照耀下闪闪发光，蜡烛轻轻地照亮了炮兵连的银色收藏品。当餐厅服务员端着食物和葡萄酒来来往往时，房间和房间里的人似乎都散发出了温暖的光芒。奇怪的是，正如BC偶然观察到的那样，军士长奥唐纳[5]酒杯里的酒似乎从未见少。是服务员在不断地给他斟满酒杯，还是他没有喝酒呢？

　　用餐结束后，人们开始举杯敬酒（敬"女王"和"炮兵连"），然后主人和客人分散到前厅，享受晚上剩下的时光，彼此喝酒交谈，或者在餐厅迪斯科舞厅跳舞。这个时候，军士长奥唐纳上前与BC进行了交谈。"先生，"他说，声音有点含糊不清，"我想你应该知道一些事情……这就是我们对待马勒比中士的方式。我认识他很长时间了，我认为他没有得到公平的机会。"

　　在接下来的几分钟里，这位军士长告诉了BC很多他认为BC需要知道的关于马勒比中士的事情，并且他可能是对的。尽管他略带醉意，但他的气息中一点酒味都没有。

这一事件为人类学研究提供了丰富的文化养料。在场的人类学家可以查看不同的群体(军士和准尉，以及军官)，他们可以观察事件发生地点的特殊性质(中士和准尉官的领地，除非值班或受邀，否则任何军官或下级士兵都不得进入)，他们可以观察一天(晚上)的时间里发生的事情，或者桌子上摆放的手工艺品所代表的物质文化以及它们的点燃方式，他们可以观察到人们举杯敬酒的方式，他们可以分析对话，他们能够观察到女性的举止行为(她们是在炮兵连的中央吗？还是在边缘呢？)，他们能够倾听并记录各种称呼，他们可以对整体进行不完整的分析。

如果我们特别注意一下军士长奥唐纳的行为，我们就会看到他表现得【18】有点醉了，但事实上他并没有醉。这不仅告诉人类学家，当时的情况下饮酒是完全可以接受的，而且告诉人类学家，与炮兵指挥官进行这种对话时，最好是被认为处于轻度醉酒的状态。这可能会引出另一条关于非正式关系的调查线，涉及不同等级的非正式关系，这些关系中的"可接受"和"不可接受"的话题，以及这些类别是如何随着饮酒而改变的。

但是，如果人类学家是炮兵连指挥官呢？

本章考察了作者在研究英国士兵[6]的组织文化——作战部队[7]的团职[8]单位——时发现的一种情况，这是一个从组织内部进行的社会人类学项目。该项目始于1974年，最初是一项非正式的、偶然的个人研究，研究者借此获得了考古学和人类学的学士学位；随后，1993年至1994年，研究者在剑桥大学进行了为期一年的研究，该研究进入了更为正式的第二个阶段；然后，研究者于1996年至2002年在克兰菲尔德大学(Cranfield University)获得了英国军队单位级别[9]组织文化的博士学位(Kirke，2002)。这产生了一些有关进一步研究的出版物，其中最全面的是 Kirke(2009)的。

虽然这项研究侧重于一组特定的人类群体(英国军队的某级单位)，但这里探讨的问题似乎与研究人类群体的一名成员所进行的人类学研究的一般背景相关。因此，从本质上讲，这一章是自传体式的和反思性的——它是一个人在特定情境中的经验的升华，在更广泛的语境中得到了概括。由于其自传体的缘故，下文将使用第一人称，而不是学术意义上更严格的第三人称。

当然，本章也是回顾性的。正如利文(Lieven)在论及关于自传作品的另一种语境中警告我们的那样，"对于大多数人来说，生活以一种无模式的方式展开，让人们困惑于它的主题。相比之下，自传通常是由寻找意义和模式的人撰写的……"（1999：107）。因此，本章所探讨的问题是根据事后修正的经验构建的：其中许多问题是在进行研究的日常过程中无序地出现的，而不是作为本章所呈现出来的结构化整体的样子。

本章首先要考虑的问题是"内部人类学"（insider anthropology）的性质，即在研究开始之前，研究者与被研究者有一些共同之处；其次是"陌生人价值"的研究层面，及其与人类学内在的不安关系；最后，本章阐述了作者在英国军队中进行研究时涉及的实际问题，以及从中得出的一般性结论。

<h2>【19】 "内部人类学"</h2>

塞罗妮-隆（Cerroni-Long）编辑的美国国家人类学实践协会的纳帕公告（NAPA Bulletin）之《内部人类学》（Insider Anthropology, 1995）中包含一系列由个人撰写的文章，这些人有研究人类群体文化的经验，而且这些作者在研究之前就与研究对象有一些共同之处。正如公报标题所暗示的那样，所有这些都可以称为"内部人类学"实践。然而，公报中的不同文本中出现了一个有趣的讨论，即"内部性"拓展的问题。例如，加利福尼亚人沃尔特·戈德施密特（Walter Goldschmidt）研究了"20世纪40年代初的加利福尼亚农村社区"（1995：17），他提出了一个问题，即他的研究领域（Wasco）是否真正代表了他们自己的文化（1995：18）。相比之下，亚历山德拉·贾菲（Alexandra Jaffe）的"内部人"身份是毫无疑问的，当她试图为自己服役的那部分美国军队撰写一份民族志时，这是一次完整的"内部"体验（1995）。另一篇由爱德华·利博（Edward Liebow）撰写的文章，涉及一项对农业企业人士的研究，他并不属于这些人，但他们都是美国人（1995：22）。

因此，即使在同一学术出版物中，"内部人类学"也可能意味着不同的东西。这意味着该术语可以被细分为更有意义的子类别，以区分不同程度的"内部性"。对文献的进一步阅读表明，存在一系列的内部性：在一个极端的情况下，研究对象是居住在研究者国家内的有边界的外来群体或"他者"群体，其中一个例子是奥克利（Okely）对英格兰的吉卜赛人的研究（1983a，1983b）。这些背景下的研究者根本就不是"内部人员"：尽管他们和这个群体可能共享一种共同语言，生活在同一个国家，但他们几乎没有任何意义上的共同文化。这些领域的研究者与前往国外探索"他者"的传统人类学家几乎没有区别，除了在国内资源的可用性、可能共享一种共同语言（但可能不是共同的方言）以及减少旅行时间和金钱方面的一些实际优势。这种类型的研究，在本章中被称为**"本土他者人类学"**（anthropology of the "other" at home），需要与异国环境中的传统人类学大致相同的技能。

另一个极端是真正的"内部人"研究，一个群体的正式成员试图研究该群体的文化，这里被称为"内部人类学"，其独特的优势和挑战已经由拉巴里（Labaree，2002）进行了充分的探索。总之，他对这类研究的优点进行了分类：

> 分为四个价值：共享经验的价值；更大准入的价值；文化渗透的价值；研究者更深入理解和清晰思考的价值。这些优势中的每一个都存在内部参与观察者必须进行协商并达成一致的挑战。（2002：103）

内部人类学研究的挑战包括披露群体成员的言行以及实现"陌生人价 **【20】**值"的伦理问题，即以一种不受群体成员和研究者的共同文化影响的方式去看待他人的能力。对于研究者来说，后者会导致研究者在所处的世俗环境中及团体内部的权力关系网络中，难以保持客观性、准确性与观察的敏锐性（2002：106-109）。这种内部人类学的例子，包括杨格对诺森比亚警察部队的研究（Young，1991）、洛夫格伦对"瑞典人特质"的研究（Lofgren，1987）、柯林斯的贵格会研究（Collins，1998）和芙克丝的《瞧这些英国佬》（Fox，2004）。

介于两个极端之间的是中间位置，处于这个位置的研究者熟悉所研究的群体，但不是正式成员。例如，福赛斯关于人工智能实验室员工的研究（Forsythe，1992，2001），她的父母深深地沉浸在这一领域，但她并不属于这个领域。另一个例子是欧文对一个加拿大步兵连的研究，当时她是加拿大武装部队中其他部门的预备役军人（Irwin，2002）。这种研究工作在此被称为"熟悉的人类学"（anthropology of the familiar）。这一立场与人类学内部的许多优势和挑战相同，但准入并不容易，而且研究者不太可能分享被研究群体的深层假设和态度。然而，研究者可能会发现自己比传统的"他者"人类学能够更多地亲自参与这个领域的某个方面。例如，在福赛斯的案例中，她非常了解自己所研究的实验室中进行的工作以及工人的精神。然而，她非常不喜欢这些工人持有的对他们正在开发的系统的最终用户的普遍态度，这导致她在遣责他们时显得直言不讳（Fleck，1994）。这种明显的情感投入在人类学研究中是罕见的。

考虑到我对英国军队的研究，可以证明"内部人类学"这一总体范畴中存在不同程度的内部性类型。在整体层面上，这项研究属于人类学范畴，因为我是我所研究的机构的正式成员。然而，当进行更详细深入地研究时，需要使用不同的术语。虽然我是军队的正式成员，但我并不是1986年以后我研究过的任何一个特定军事团体的正式成员，因为我不是在研究自己所属的部队。因此，在小范围内，1986年以后，我更像一个熟悉的人类学家，访问几个不同的独立单位，而不是集中精力于（迄今为止）我实际所属的军队单位。这种区别不仅仅是语义上的：当"从内部"进行组织研究时，我只是一个追求个人兴趣并与组织中其他400多名成员融合在一起的成员；当进行"熟悉的"研究时，我一直在部队组织之外，被认为是我们所属的陆军更广泛机构的一员，但我是所研究部队的客人，是一个无权进入部队任何部分的局外人。

其他的此类关于英军部队的民族志研究是怎样的呢？这类研究的总量虽然很少，但它们的传播很有趣。最早的民族志研究是约翰·霍基（John Hockey）的《丛林突击队》（*Squaddies*，1986）。霍基在进行研究之前曾在英国军队服役（书中没有明确说明，有三个月，其中一个月和列兵在一起），所以他有一些关于军队的实地知识，知道如何与他的研究团队沟通。然而，他并不是英国陆军的一员，所以他的研究必须算是"**熟悉的人类学**"。保罗·基尔沃思（Paul Killworth）在1997年发表的关于军队单位层面文化与权力的博士论文，是"**本土他者人类学**"，因为他在研究前对英国军事文化一无所知。安东尼·金（Anthony King）在2006年对皇家海军陆战队群体凝聚力的探索也是如此，因为他从未成为任何军队的一个成员。如上所述，当我研究我自己所属的军队单位时，我的研究必须被归类为"**内部人的人类学**"（anthropology from within），但当我研究其他部队时，我的研究必须归为"**熟悉的人类学**"。这些分类表明，当我从内部进行研究时，我有更多的机会深入了解该领域中的更多方面，具有由于共同经历而能够深如了解其他人经验的优势。另外，我发现人类学上的超然很难，必须制定特殊的策略来创造它。

内部人类学家的陌生人价值

对于内部人类学家（insider anthropologist）来说，一个潜在的严重困难是，他们很可能非常密切地参与到被研究群体的日常生活中，并且有可能导致自己处于无法享受超然或"陌生人价值"或"他者性"（传统人类学中优先考虑的）的危险之中（如，Beattie, 1966）。事实上，这正是贾菲（Jaffe, 1995）作为一名部队成员对美国军队进行实地考察时所遇到的无法克服的困难，她不得不放弃原定的研究，因为她发现自己对该组织的认同度太高。传统的假设是，"陌生人"处于能够观察的位置，而他们的观察不受所观察文化的制约。因此，他们将注意到平凡特征的重要性，而那些被观察的成员则视这些特征为理所当然。此外，他们的结论更可能避免遭受感兴趣的文化因素的污染或扭曲。这样的"陌生人"应该能够对数据做出中立的解释，希望它在科学上是独立的。同样的，与内部人相比，他们应该更有可能与被研究群体中具有特殊利益的外部或内部群体保持距离（Beattie, 1966: 87; Fox, 2004: 3）。【22】

尽管"陌生人价值"的概念因其不切实际而遭受到了抨击——因为每个人都有自己的观点，这会影响他们的看法（Clifford and Marcus, 1986; Burawoy et al. , 1991）——但是，它仍然是一个需要努力的理想。因此，内部研究者必须采取某种策略，尽可能地与被研究群体保持人为的距离。彼得·柯林斯（Peter Collins）在对他所属的贵格会教徒团体（Quaker）的研究中，对这种策略做了有趣的描述。在试图占据"内部人/外部人"和两个词之间的位置时，他将自己的作品分为三个部分：一个是对话的呈现，一个是作为内部人的"西蒙"（Simon）关于对话的反思，一个是作为外部人类学家"彼得"的解释（Collins, 2002: 77）。在我自己的案例中，我做了类似的努力，有意识地努力创造出一种超然的态度，追问自己：当面对数据的时候，"人类学家会注意到什么？"这涉及一些技巧，诸如努力将信息视为"好像"是新奇而陌生的故事，不断地寻找士兵所描述的"游戏规则"与我的观察的以及他们关于事件、逸事和情况的描述所揭示的日常实践之间的差异。

然而，我的研究有三个优点，这三个优点正是由于缺乏"陌生人价值"而产生的，它们是对等的和相反的，我认为，这可以从整体上推广到"内部人类学"。首先，我本人和我的线人都知道，我们在深层次上分享了我们的组织文化，所以，他们很难在生活的各个方面误导我——他们谈及的不一致之处或反文化方面会被我发现和质疑。其次，我发现，因为我分享了线人和被观察者的基本观点和假设，研究期间得出的结论（不管是否以种族为中心）确实反映了正在探索的文化中产生的态度、假设和期望，并且与研究者和被研究者经历的社会环境相一致。我把这些结论用三种社会模型表达出来，一旦它们变得相对成熟，每次我向士兵们解释这些结论时，他们都会接受这些结论，并认为它们是描述、分析和解释军队生活的合适工具。最后，虽然我确实不太可能像一个"陌生人"那样轻易地把自己的观察结果置于一个外部的、独立的框架之中（尽管我试图这样做），但与局外人相比，我更不可能将错误的概念引入我的分析中。正如舍里希**【23】** （Scheurich, 1997: 1）所指出的，

> （来自他们所研究的文化之外的研究者）正在不知不觉中实施或被实施了"深层次"的文明或文化偏见，这种偏见会损害其他文化，也会损害其他人，因为他们不会使用我们的文化"语言"来"说话"，所以无法让我们听到他们的声音。

因此，尽管缺乏"陌生人价值"是内部人类学家潜在弱点的一个来源，但我发现，也可能存在显著的补偿优势。

这些发现证实并扩展了上文拉巴里（Labaree, 2002）提出的观点：例如，

当我是所研究文化的一名同伴参与者时，保持客观性和准确性是一个需要
持续关注的问题；另外，我们的共同经历使我和士兵们能够相互理解，并
使我相信，我可以发现他们讲述中的任何不一致，或试图欺骗或半真半假
之处；即便在我自己的部队之外，访问研究人群也是相对简单的。另外，
我发现在构建模型时，我能够制作出研究群体和我有同样理解的材料。

内部人类学家面临的实际问题

本节描述了在研究过程中出现的实际问题。首要的是准入问题。在人
类学的传统范式中，人类学家与研究的目标群体长期生活在一起，分享他
们的生活，并尽可能成为该群体的一员。在这种情况下，通常是在外国，
在研究者必须学习其语言的人群中，接触人类群体可能会有相当大的困
难。除了语言障碍，研究者几乎肯定需要某种形式的官方或地方政治的批
准和赞助。他们还需要大量资金用于旅行和生活，并为他们所选择的领域
提供所需的特殊研究费用。一旦克服了这些障碍，就会面临一个挑战，即
如何获得被研究群体的信任，使他们对自己的生活和习俗保持开放。

然而，对于来自内部的人类学家来说，准入是很简单的，成为群体成
员的过程被省略了，因为根据定义，内部人已经拥有成员资格，融入这个
群体及其文化背景并不是问题。同样地，不需要学习任何新的语言——甚
至不需要学习群体的特殊术语。尽管开展研究可能需要某种形式的正式批
准，但内部人有机会把研究作为其正常生活的一部分。如果研究是在工作
场所进行的，那么这项任务很可能会获得薪水，从而减少或消除对研究经
费的需求。

在我的例子中，早期阶段的轻松访问、缺乏研究时间与同时承担所属 【24】
部队的一系列艰巨工作等情况并存，内部人类学家似乎经常遇到这种情
况。为了解决这个难题，我尽力在可能的情况下撰写田野笔记，并允许研
究活动持续相当长的一段时间（第一阶段，1974 年至 1986 年）——进行广
泛而非密集的研究。第二个阶段（1993 年至 2002 年），这个时期即上文所
述的"熟悉的人类学"阶段，我获得了短期接触部队的机会，利用我掌握的
关于军队可接受方法的内部知识，以一种文化敏感的方式安排访问活动。

在这段时间里，我的时间压力没有那么大，因为我能够把这项研究作为我被正式分配的工作的一个组成部分来进行。因此，具有讽刺意味的是，当我从内部失去了人类学家的身份时，我发现自己才能有更多的时间致力于研究。

另一个实际问题是数据的收集。在这项研究的早期，我观察了士兵的行为和物质文化，与他们交谈成为我日常生活的一部分，并将观察结果记录在实地笔记中。然而，在第二阶段，我不再与研究人群的成员一起生活和工作，除了进行观察外，半结构化访谈变得十分必要。这些访谈提供了仅靠观察无法获得的信息（比如，我无法作为其中一员参加的那些团体实践和过程），还让我能够讨论日常生活中隐藏的一些问题。

这项研究的两个部分之间的差异凸显了内部人类学家在他们所研究的群体中的位置的重要性。很明显，处于群体中的不同位置的人对该群体及其成员、子群体和文化方面有着不同的看法。正如桑格（Sanger）所言，"信息是个人认为有意义的东西"（1996: 6），而处于不同位置的个体会以不同的方式感知相同的元素。

这个问题在我的案例的第二阶段表现得尤为突出。陆军的外部人员（无论他们的观点如何）也许能够以准平等的身份参与军衔等级结构范围内的士兵活动，正如基尔沃思（Killworth, 1997）在排级工作中所取得的成果，参与新兵、列兵、初级军士、高级士官和中尉的活动。[10] 同样地，一个局外人可能会在自己选择的部队的某一部分中体验生活，就像霍基（Hockey）在他对新兵和列兵的研究中所做的那样（Hockey, 1986）。作为一个内部人，身为军官，这些都不是我的选择。由于我的军衔（相当于一个部队的指挥官），除了访谈外，没有任何其他方式，能让我从军衔等级结构的最底层捕获观点，因此，任何"向上研究"的尝试（Nader, 1974）只能通 **[25]** 过该部队初级成员选择告诉我的内容来实现。因此，我收集到的关于军队的下级单位的所有数据（如，列兵的生活、军士餐厅或下属酒吧的惯例），要么是我利用军官身份直接收集的，要么是我通过与士兵和士官的访谈或随意交谈而间接收集的。我不得不承认，间接的数据收集在一定程度上受到了等级差异的影响。我一直在努力"向下研究"（study down），这会带来很多不利因素（Womack, 1995）。

　　然而，有一个重要的缓解因素。这与我在访问部队进行研究时的内部人员身份的确切性质有关。正如我们之前所看到的，我从内部对英国军队的整体机构进行人类学研究，但在 1986 年后，我开始进行熟悉的人类学研究，因为我在所访问的部队没有正式职位。这意味着，尽管我有军衔（当时是中校），但并不在我采访的任何士兵所属的指挥链中。我没有正式的权力对任何一位受访者下达命令，或使任何受访者的生活变得困难。考虑到英国军队内部的紧密联系，我和我的采访对象都知道，如果我变得让人感到尴尬，部队的指挥链将更有可能支持自己的士兵，而不是作为局外人的我，无论我的级别如何。这个因素在一定程度上削弱了我可能带来的支配威胁。

　　第一，我在与士兵打交道时所采用的最重要的研究策略是，不否认我的军衔或真实身份，而是在任何时候都对他们持开放态度，试图不损害任何信任基础。

　　第二，我采用了一种服装形式，既能表明我的地位，也不否认我的委托身份。这是一种文化上公认的军官制服——脱掉制服，身穿粗花呢夹克、衬衫、领带和浅棕色或灰色长裤。我在这套服装上加了一副半眼阅读眼镜。这似乎呈现出一种无威胁的形象，在文化上与我所研究的群体一致。我的着装"得体"，没有突出组织权力或权威，也没有佩戴任何级别的徽章。这副眼镜还传达出一种勤奋好学的气质，这种气质与等级、权力和男子气概的文化范式并不相符。因此，对军队惯习（habitus）的深度文化浸润使我能够投射出一种相关而有效的身体习性（bodily hexis）（布迪厄，1990：66-79）。

　　第三，我尽可能小心地创造情境，以使受访者无论是什么级别，都在结构上处于优势地位。例如，在访问个人时，经常会分配给我一间空办公室，我总是邀请被访者坐在桌子后面，而我则坐在其他地方（尽可能多地坐在桌子前面较低一层的"客人座椅"上），而受访者总是能控制录音机。

　　还有一个重要的策略是确保所有受访者都知道他们被要求做什么（自【26】由地谈论他们自己和他们的生活），明确告知他们我将如何处理他们提供给我的信息，以及我将在多大程度上保护这些信息（换句话说，确保他们知情同意）。在后一方面，我向他们保证，我绝不会在引用他们告诉我的内容时透露他们的身份，我会保护我的笔记和录音带。

最后——我相信这是非常重要的——我对所有参与者的发言都表现出了十分浓厚的兴趣，并注意保持礼貌。对我来说，这几乎不需要做什么努力，但这好像给受访者留下了深刻的印象，他们中的大多数人似乎都热衷于谈论他们的生活。

很难说这些行为给我带来了多大程度的信任，但可以肯定的是，几位受访者表达的观点，打破了在陌生人面前对敏感话题保持沉默的惯例（这意味着相当程度的信任）。

我认为，这些措施在某种程度上创造了一种特殊的环境，在这种环境下，等级差异被接受，但并没有主导访谈。一个特别的现象证实了我的特殊情境的观点，除了极少数情况下，受访者都放弃了亵渎语和脏话的使用，而这些亵渎语和脏话是军队组织文化内部所有言语交流的正常组成部分（这些词被多恩等人（Dorn et al., 2001）敏锐地称为"句子增强剂"）。这是一个相当大的惊喜，因为我没有试图抑制这些词的使用。非军事评论员认为，"句子增强剂"的缺失表明研究者和受访者之间处于主导/从属的关系中，但这种观点恰恰表明了他们对军队文化缺乏理解：这些词在不同级别的交流中与在同等级别的环境中一样常见。

一旦收集到数据，就必须对其加以管理和分析。不言而喻，数据管理和分析在任何研究中都是重要元素，特别是在社会科学领域，因为数据是如此多样和非结构化。然而，对于内部人类学家来说，有一些尖锐的问题。正如我们所见，尽管所有人都试图采取一种另类的超然观点，但数据收集和分析几乎肯定会受到来自研究者自身文化的先入之见的影响。在我看来，这项研究从内部看越像是人类学，这些影响就越明显。

我使用了两种特殊的技巧来规避这些困难。第一种是，直接从线人那里收集尽可能多的数据——让他们尽可能不受阻碍地为自己说话（正如我们在上面看到的那样）——并严格地将我的分析意见与这些数据分开。在所有的现场笔记和采访记录中，我使用不同的字体记录数据和评论，每个【27】评论语句都以大写字母"COMMENT"作为开头。这样做的好处是使这两种文本区分开来，并且允许我随后在自己的分析中寻找偏见和权力话语。它还允许对所有数据的类型、来源和标示的重要性进行可审核的证据追踪。第二种是，采用格拉泽和斯特劳斯（Glaser and Strauss, 1968）倡导的"扎根理论"方法。所有的理论结论和要素都来自数据：没有数据，就没有理论建构。当然，数据本身受文化因素影响的风险总是存在的，但这确保了我在没有数据证实的情况下，绝不会草率地得出不合理的结论或宣布某些我认为必须是"正确"的事实。通过使用非结构化的质性数据处理计算机程序包[11]，所有这些操作都变得更加容易，该计算机程序包允许对数据进行排序、分类、组合和重组，并允许在出现理论元素时对其进行控制。

结　　论

那么，本章如何对更广泛的内部人类学问题做出贡献呢？无论是我的研究经历还是相关理论文献都表明，无论何种程度的内部人身份都会给人类学家在实现传统人类学所倡导的科学超然方面带来困难。研究者不能同时既是陌生人又是内部人。他们很可能忽略了该领域那些看似平凡无奇的方面，以致他们没有给予关注，而且，他们的研究结果很可能会受到当地文化偏见和扭曲的影响。这意味着，内部研究者在进行观察、数据记录和分析时，需要自觉自律、有条不紊，以便在他们的研究中发现人为的文化制品（artefacts）。尽管这在任何社会研究中都可能是一个优势，但在对抗与目标文化过于密切接触的影响方面，方法论程序（如严格区分数据与评论和分析以及提供从数据到理论和结论的清晰证据线索）可能至关重要。这一点可以通过一些技巧来加强，比如自觉地尝试像第三方一样思考——创造一种"陌生人"的观点，正如我们在柯林斯（Collins，2002）的作品中看到的那样。

另外，内部人类学家可以从他们对感兴趣的群体文化的预先了解中获得互补优势。他们可以从早期阶段就在各种数据集之间建立敏感的文化联系，并以符合研究对象的态度、假设和期望的方式与群体成员进行交流。当涉及分析时，他们能够识别出外部人可能忽略的细微的文化差别。

另一个问题与"内部人类学"的多样性有关。这项研究表明，这个表达

【28】本身是没有用处的，因为它缺乏任何精确性，仅用一个术语就涵盖了事实上的一系列研究情况。本章中使用的类型学提供了一个更为清晰的概念工具。不同程度的内部人身份给他们带来了不同的优势和挑战。重要的是，研究者要确定他们的研究处于内部人身份（insider-ness）的何种位置，并制定出相应的技术来管理由此产生的优势和挑战。这项研究还表明，在同一总体研究范围内，内部人的身份以及与之伴随的优势和挑战在不同的环境中可能也会有所不同。举个例子，尽管我的项目规模宏大，是机构层面的内部人类学，但在实践研究背景下，它从内部人的人类学开始，发展到熟悉的人类学，在准入、权力关系、文化假设等方面具有不同的含义。

这项研究还提出了一些可以广泛应用的实际经验。特别是，研究者可以利用他们文化方面的内部知识，通过投射一种与文化相关的惯习（habitus）和身体习性（bodily hexis），从而获得相当大的优势。例如，在我的案例中，穿上精心挑选的文化上合适但不具威胁性的服装，以及采用减少我的等级影响的技术，似乎是研究成功的重要因素。在采取这些措施的同时，我主张谨慎诚实，仔细解释正在发生的事情（以确保受访者知情同意），并在可能的情况下，尽可能让受访者对访谈情况有更多的控制。这些措施可以大大增进信任，这是质性研究的一个重要因素。

最后，根据这项研究的证据，可以说内部人类学与传统人类学的原始信条有很大的不同，但它不仅是可能的，而且是引人入胜和令人激动的。如果了解"他者"很重要——我们社会科学家相信这一点——那么了解自己也同样重要。

注释：

1. "炮兵连"是炮兵团的一个次级单位，由 1 名少校和大约 100 名拥有各级军衔的士兵组成。

2. 准尉和中士是军队中的高级士官，是负责指挥和管理的中层人员。

3. 军营里的"军士餐厅"（正式名称为准尉和军士餐厅）是一座建筑物，为军事部队或驻地的准尉和中士提供专属的住宿、饮食和休闲。

4. 炮兵连军士长是高级士官，是炮兵连中 3 名二级准尉（WO2）的长官。在本案例中，他是炮兵连准尉和中士的负责人。

5. 在本案例中，所有姓名都是化名。

6. 本章中的"士兵"是指军事单位的任何成员，无论其在部队中的军衔或职 【29】位如何。因此，这个词既包括指挥官，也包括新来的列兵。

7. 在进行研究的时候，"作战部队"包括经过组织和训练，可以在常规战争中与敌军直接接触的那些陆军部队。例如，他们包括英国皇家装甲兵团、皇家炮兵和步兵，但不包括英国皇家陆军医疗军团、皇家后勤军团和皇家机电工程师。此后，这些类别被重新划分为"作战兵种、战斗支援兵种和战斗勤务支援兵种"三重系统。

8. "团职"士兵在作战或训练单位中服役。

9. 一个单位是一个由 1 名中校指挥的、包含 4 至 800 名士兵的独立团体，包括由少校指挥的若干子单位。

10. "陆军中尉"包括初级军官（少尉和中尉的前两个委任级别，或团级定义的同等级别）。

11. 这个特别的程序包是 Sage 的 NUD＊IST 4。

参考文献：

Beattie, J. (1966) *Other Cultures: Aims, Methods and Achievements in Social Anthropology*, London: Routledge & Kegan Paul Ltd.

Bourdieu, P. (1990) *The Logic of Practice* (translated by R. Nice), Cambridge: Polity Press.

Burawoy, M., Gamson, J., Burton, A., Ferguson, A., Salzinger, L., Ui, S., Hurst, L. and Gartrell, N. (1991) *Ethnography Unbound: Power and Resistance in the Modern Metropolis*, Berkeley: University of California Press.

Cerroni-Long, E. L. (1995) *Insider Anthropology*, Arlington, VA: National Association for the Practice of Anthropology.

Clifford, J. and Marcus, G. E. (1986) *Writing Culture: The Poetics and Politics of*

Ethnography, Berkeley: University of California Press.

Collins, P. (1998) "Quaker Worship: An Anthropological Perspective," *Worship* 72, 501–515.

Collins, P. (2002) "Connecting Anthropology and Quakerism: Transcending the Insider/Outsider Dichotomy," in E. Arweck and M. D. Stringer (eds.) *Theorizing Faith: The Insider/Outsider Problem in the Study of Ritual,* Birmingham: University of Birmingham Press.

Dorn, W., Tibbitt, P. and Williams, M. (2001) "Sailor Mouth," *SpongeBob SquarePants*, Episode 38a. USA.

Fleck, J. (1994) "Knowing Engineers?: A Response to Forsythe," *Social Studies of Science* 24: 105–113.

Forsythe, D. E. (1992) "Blaming the User in Medical Informatics: The Cultural Nature of Scientific Practice," in D. Hess and L. Layne (eds.), *Knowledge and Society. Volume 9. The Anthropology of Science and Technology,* Greenwich, CN: JAI.

Forsythe, D. E. (2001) *Studying Those Who Study Us: An Anthropologist in the World of Artificial Intelligence,* T. Lenoir and H. U. Gumbrecht (eds.) Stanford, CA: Stanford University Press.

Fox, K. (2004) *Watching the English: The Hidden Rules of English Behaviour,* London: Hodder & Stoughton.

【30】 Glaser, B. G. and Strauss, A. L. (1968) *The Discovery of Grounded Theory: Strategies for Qualitative Research*, London: Weidenfeld and Nicolson.

Goldschmidt, W. (1995) "The Unfamiliar in the Familiar," in E. L. Cerroni-Long (ed.) *Insider Anthropology, NAPA Bulletin 16*, Arlington, VA: National Association for the Practice of Anthropology.

Hockey, J. (1986) *Squaddies: Portrait of a Subculture*, Exeter: University of Exeter.

Irwin, A. (2002) "The Social Organization of Soldiering: A Canadian Infantry Company in the Field," PhD, Manchester: Manchester University.

Jaffe, A. (1995) "The Limits of Detachment: A Non-Ethnography of the Military, " in E. L. Cerroni-Long (ed.) *Insider Anthropology, NAPA Bulletin 16*, Arlington, VA: National Association for the Practice of Anthropology.

Killworth, P. (1997) "Culture and Power in the British Army: Hierarchies, Boundaries and Construction, "PhD, Cambridge: Cambridge University.

King, A. (2006) "The Word of Command: Communication and Cohesion in the Military, " *Armed Forces and Society* 32: 493–512.

Kirke, C. (2002) "Social Structures in the Regular Combat Arms Units of the British Army: A Model, " PhD, Shrivenham: Cranfield University.

Kirke, C. (2009) *Red Coat Green Machine: Continuity in Change in the British Army 1700 to 2000*, London: Continuum.

Labaree, R. V. (2002) "The Risk of ' Going Observationalist' : Negotiating the Hidden Dilemmas of Being an Insider Participant Observer, " *Qualitative Research* 2: 97–122.

Liebow, E. (1995) "Inside the Decision-Making Process: Ethnography and Environmental Risk Management, " in E. L. Cerroni-Long (ed.) *Insider Anthropology, NAPA Bulletin 16*, Arlington, VA: National Association for the Practice of Anthropology.

Lieven, M. (1999) "A Victorian Genre: Military Memoirs and the Anglo-Zulu War, " *Journal of the Society for Army Historical Research* 77: 106–121.

Lofgren, O. (1987) "Deconstructing Swedishness: Culture and Class in Modern Sweden, " in A. Jackson (ed.) *Anthropology at Home*, London: Tavistock Publications.

Nader, L. (1974) "Up the Anthropologist: Perspectives Gained from Studying Up, " in D. Hymes (ed.) *Reinventing Anthropology*, New York: Vintage Books.

Okely(1983a) "Why Gypsies Hate Cats but Love Horses, " *New Society* 63(17): 251–253.

Okely, J. (1983b) *The Traveller-Gypsies*, Cambridge: Cambridge University Press.

Sanger, J. (1996) *The Compleat Observer? A Field Research Guide to Observation*, London: The Falmer Press.

Scheurich, J. J. (1997) *Research Method in the Postmodern*, London: The Falmer Press.

Womack, M. (1995) "Studying Up and the Issue of Cultural Relativism, " in E. L. Cerroni-Long (ed.) *Insider Anthropology, NAPA Bulletin 16*, Arlington, VA: National Association for the Practice of Anthropology.

Young, M. (1991) *An Inside Job: Policing and Police Culture in Britain*, Oxford: Clarendon Press.

3　军队跨文化能力研究：
德国军队应用合同研究的方法论思考[1]

菲尔·C.朗格尔，卡斯滕·皮奇

引　言

旨在获得军队内部人员不同见解的经验研究通常面临一种两难的境 【31】
地：对于那些在军队以外工作的研究者来说（例如，在民用大学），很难获
得实地访问授权；对于那些在军队内部工作的研究者来说（例如，在军队
研究机构工作的人），自主选择研究课题和方法以及自由发表研究成果的
科学独立性可能会受到制度需求的限制。

在德国，关于军事的社会科学研究基本遵循着第二条道路：德国联邦
国防军社会科学研究所代表政府进行合同研究。该研究所在经验军事社会
学领域拥有独特的销售主张（Klein, 2005; WR, 2009: 21-22, 54）[2]。这一事实
引发了一些具有方法论意义的严重问题：框架条件在多大程度上决定了研
究方法、设计与过程？反之，研究如何作用于该研究领域？同时，可以实
施哪些策略来保证研究的伦理责任？

该研究所于 2010 年开展了一项关于军队跨文化能力的研究，下面的内
容将会讨论这些问题。它旨在对军队内部的研究条件及其方法论影响进行
批判性和自反性的分析。首先，概述研究项目的体制框架和项目本身（第 2
节和第 3 节）。其次，分析军队应用合同研究的特殊挑战（第 4 节）。最后，
提出应对这些挑战的策略，提出军事背景中的质性研究具有潜力的观点以
供讨论（第 5 节）。

本章提出了以下观点：我们在研究过程中面临的许多方法学上的挑战

【32】 并非针对军方，而是也会发生在社会研究的其他背景和领域以及研究问题中。因此，如果要在军队中构思和进行研究的话，其他领域中（比如移民或健康研究领域）采用的创新研究策略就值得考虑采纳。然而，一个决定性的区别在于军事合同研究对研究领域的影响，尤其是对研究对象本身——士兵的影响，因为经验发现可能对通常所称的"总体机构"产生直接影响（Goffman, 1959; see also Apelt, 2004, 2008; Nesbit and Reingold, 2008; Krainz and Slunecko, 2011）。正如比尔（Biehl, 2010）所指出的，这就使得研究者必须意识到对其研究结果进行监管和规范的意义，从而承担起特殊的道德责任。从这个意义上说，质性研究为研究者提供了一个特殊的机会，使他们不仅可以反思实地研究结果，而且可以与研究对象——士兵一起进行系统的反思，从而承认他们是研究过程中的反身因素（Kühner and Langer, 2010）。

项目的机构研究背景

德国联邦国防军社会科学研究所是隶属于国防部的国家研究机构。它也是德国武装部队的一部分。该研究所被政治授权，开展与军队的既定需求和利益相关的应用合同研究，以及军事社会学领域的基础研究。国防部认为该研究所的任务是，为政府提供经验数据、专业分析和循证建议，以支持与合法化政治和组织决策过程的利害关系与论点。在这种背景下，研究所通常受到国防部机构整合和具体研究要求的双重绑定[3]。一方面是政治议程和内部权力博弈；另一方面是由德国宪法规定的研究自由所确保的科学界的话语定位——这也与其他具体要求、限制、政治议程和权力博弈相一致（Barlösius, 2008; Langer, 2009a; concerning the academic demands see also Božic, 2009）。巴洛修斯（Barlösius, 2008）写道：

一般来说，它们被视为政府机构，其研究遵循政治决策原则。因此，它们被认为是科学领域和政治领域的一部分……根据部长的观点，政府研究机构服从于政治的首要地位。当专业知识经受住了政治辩论的考验时，就被认为或多或少地符合科学标

准。从科学的角度来看，政府研究机构"良好绩效"的基本要求是 【33】
"优秀的研究"；由于科学标准的优先性，政府机构所做的研究并
不代表一种特定的研究。从政府机构的角度来看，"最佳实践"取
决于其研究成果的（政治）实施；这就是他们认为的自己的特点。

德国国防部除了作为政治机构和科学机构之外，还可以增加第三个参
考点，它构成了研究所的研究背景：公众——尤其是主导着公众或出版意
见的媒体——深刻影响并触发了国防部的议程设置。[4]

德国联邦国防军社会科学研究所是德国现有的 53 个国家研究机构之
一，共有约 19 000 名雇员，年度预算约 17 亿欧元，即员工数在德国科研
从业人员中占比超过 27%，预算约占德国科学界财政总预算的 24%
（Barlösius，2008）。[5] 在这个方面，政府研究是德国科学研究领域的重要组成
部分。大多数部委都有自己的研究机构，它们旨在获取涉及经济、卫生、
生态、农业、营养或军事等不同领域的直接知识。它们的数据和建议被用
于政治决策过程中，例如评估劳动力市场的监管工具，调查使用新医疗方
法的机构或者确定国家气候政策的标准（Hennecke，2005，2006）。除此之
外，它们制定了强制性的技术规范，并提供社会和经济上有用的服务，例
如天气预报。

自 19 世纪后三十年以来，国家研究机构已经在几次浪潮中建立起来。
不断变化的政府研究领域反映了政治上被视为决定性和持久挑战的社会、
经济和文化发展。例如，20 世纪 80 年代德国联邦环境局的成立，表明在
过去十年中，全球变暖等环境问题对政治话语和国家利益的重要性日益增
强。1974 年，将德国联邦国防军社会科学研究所作为武装部队内的国家研
究机构的这一政治决定，必须从建立武装部队大学的角度来理解：该机构
必须提供科学专业知识，以制定军官教育课程，并被视为进一步民主控制
作为社会一部分的武装部队的工具。[6]

德国国家研究机构有一些共同的特点：它们作为政府机构的地位允许
各自的部委直接组织、控制和干预研究活动，这可能意味着执行（或停止）
特定项目，使用（或拒绝）某种方法和发布（或内部保留）研究结果；它们代 【34】
表政府进行研究，可以使研究发现的保密合法化，符合国家利益；各部委

为其提供的担保资金使其免受其他缔约机构的外部影响[7]；政策制定者和各部委利益相关者参与制定研究议程和开展研究项目的过程，促进了研究的实用性。在最后的一个方面，它遵循着社会科学更广泛的发展——与流行的"象牙塔"观念相反，"象牙塔"通常被用来诋毁那种脱离社会现实的科学工作——对研究的社会效益及其结果的工具可用性进行宣称（see Carrier et al.，2007；Weingart and Schwechheimer，2007）。

在这个意义上，德国联邦国防军社会科学研究所开展了以下研究：研究公众舆论和社会对武装部队的态度，用以积极管理人员招聘；分析国家命令使用武力对社会成员的伦理影响；调查德国士兵在阿富汗的经历和动机模式，以提高国外正在进行的维持和平行动的效率和效能。

调 查 研 究

本章的这项研究是更广泛的军队跨文化问题项目的一部分，该项目是在 20 世纪 90 年代末以来德国越来越多地参与国际军事任务的背景下发起的（Berns and Wöhrle-Chon，2004）。这一研究主题的重要性之所以被强调，是因为确定了部署士兵有效应对异国文化的必要性——跨国合作的军事文化以及被认为是"外国"部署地区的文化，例如阿富汗文化；"赢得民心"的计划性目标是可持续任务成功的先决条件，可能是众所周知的（Langer，2012）。此外，通过研究武装部队内部的文化、种族和宗教差异，该项目反映了对德国社会作为移民社会的认可（Menke et al.，2011）。在这方面，该研究项目反映了跨文化问题在其他国家军事研究中日益增长的重要性（see e. g. Azari et al.，2010；Hajjar，2010；Tomforde，2010；Vuda，2010；Haddad，2011）。

该项目讨论了德国军队跨文化经验与能力的不同方面。首先，为了了解武装部队的多样化管理状况，研究审查了军队人员由于种族和宗教背景而遭受污名化和歧视的经历。其次，干预研究是跨文化教育评估更广泛过程的一部分，用以评估培训方法的影响。最后，作为德国联邦国防军社会科学研究所的另一项名为"2010 年国际安全援助部队"研究的一部分，分析了德国在阿富汗部署兵力时跨文化能力的有效性。本章论述了在后一项研

【35】

究中进行跨文化能力研究所面临的挑战。

自 2010 年 2 月以来，研究所代表德国国防部开展了"2010 年国际安全援助部队"（ISAF 2010）的项目研究，旨在考察驻阿富汗德国士兵对动机、政治任务和军事任务、暴力经历、健康行为和跨文化能力等广泛主题的态度和看法。研究团队[8] 陪同第 22 支德国安全援助部队特遣队（该特遣队于 2010 年 3 月至 11 月被部署到阿富汗北部（北部地区指挥部）），使用了定量和质性方法（问卷调查、半结构化访谈和小组讨论）开展调查。为了分析在部署期间可能出现的发展事态，调查组选择了三个不同阶段（部署前不久、部署期间和部署后约六周内）对士兵进行调查。研究团队参加了特遣队的部署前培训和教育研讨会，并于 2010 年 5 月在阿富汗北部的昆都士（Kunduz）和马扎里沙里夫（Mazar-e-Sharif）进行了为期四周的实地考察，进行了 163 次正式访谈和小组讨论；研究团队陪同部队到营地以外的地方，例如在执行巡逻和情报任务期间以及在宪兵警察对阿富汗安全部队进行教育培训期间。最后，在返回德国之后，对部署后的研讨会进行了审查。

本研究的质性部分是在传统的扎根理论方法中设计和实施的（Strauss and Corbin, 1998）。访谈与小组讨论按照操作手册进行，这份操作手册涵盖了部署士兵现实情况的基本方面。根据访谈和小组讨论是一种"自然"发生与展开的谈话[9]的观点，为了避免过于依赖、拘泥于手册（以至于在研究中失去了经验的开放性），研究手册被视为一个松散的参考提纲，而不是必须坚持的强制性工具（Hopf, 1978）。"跨文化能力"在手册中被定义为一个决定性的问题。在所有研究中都系统地考虑了这一点。因此，访谈手册包括士兵为完成任务而经历的有关跨文化的重要情况、他们对文化"他者"的看法，以及他们在部署前对相关文化培训的评估等问题。主要的研究问题是：德国士兵是否受到充分的训练，能够应对阿富汗战场上的不同/外来文化背景？[10]

接下来的讨论反映了研究过程中出现的挑战，这些挑战主要来自质性研究经验。

研究挑战

【36】

　　阿富汗的跨文化能力研究面临的挑战可以分成三个方面：研究主题本身（跨文化能力）、研究类型（应用合同研究）以及研究的机构背景（武装部队）。

　　首先，跨文化能力的研究课题提出了一个方法论上的挑战，可以称之为"差异困境"（dilemma of difference）。任何旨在研究差异体验（如文化与种族）的研究都有可能通过自己的研究设计产生人们感兴趣的差异（Badawia et al., 2003）——例如，通过预设所识别的"他者"的"差异性"（otherness）；要么，极力回避他者和本质主义归因——因此低估了"与众不同"和"被认为与众不同"的体验。到目前为止，在承认政治（Taylor and Guttman, 1994；Benhabib, 1996）和跨文化教育学（Kiesel，1996）的背景下，有学者已经批判性地解决了其中几个难题。库纳和朗格尔（Kühner and Langer, 2010）最近讨论了质性移民研究中的"方法论差异"现象。

　　这对我们在国际安全援助任务中的跨文化能力研究意味着什么呢？在我们的研究问题中，当询问士兵如何应对战区文化"差异性"时，上述困境一开始就存在。它预设了部署环境、平民和阿富汗国家安全部队的构成性文化"差异性"，作为所谓"伙伴关系"战略的一部分，士兵必须与之合作（Alford and Cuomo 2009；Cordesman et al., 2010；Carter and Alderson, 2011）。从方法论的角度来看，人们可以认为，至少在某种程度上，这必然意味着对该国及其人民的文化刻板印象的采纳，而士兵们在访谈中关于文化差异的陈述可以被理解为跨文化敏感的标志，或者是一种无意识地表达偏见的暗示，这使文化差异评估变得困难。如何在不陷入实证的本质主义的情况下回答这个问题呢（Schneider, 2010：430-432）？

　　特别是，在与文化"内部人"的访谈中，这些挑战变得显而易见：我们询问了为德国武装部队工作的阿富汗翻译，了解他们对德国士兵跨文化能力的评估。然而，在这样做的过程中，我们把他们变成了"他者"，并在德国、"西方"、基督教和阿富汗、"东方"、穆斯林文化之间建立了明显的区别。[11]翻译人员在回答我们的问题时的抗拒是非常明显的，每次尝试进行正式的、以手册为导向的（manual-led）、标准化的访谈都失败了。在整个项目中，我们一直都没有机会与翻译人员进行正式的访谈。相反，他们不止【37】一次地邀请我们参加普通晚宴，并让我们参加非正式会谈，让我们谈谈对军事任务和阿富汗文化的看法。在这个意义上，我们成为一面镜子，它反映了我们的研究假设，并扭转了研究中的权力关系。这面镜子反映了我们对这一发展的愤怒、沮丧，甚至恼怒，这是一种精神分析意义上的反移情（Devereux, 1967）。我们开始意识到方法中的"盲点"：我们在"他者"问题中固有的基本文化差异的假设，忽略了明显的相似性（如德国士兵与阿富汗国民军士兵在军事文化方面的共同社会化），以及进一步的（如社会经济、性别、年龄……）影响社会现实感知和互动的其他差异。因此，我们面临着上面提到的"差异困境"。然而，对于任何困境，都不可能有一个最佳的研究实践来解决它。应对这一困境的唯一方法似乎是"反身性"（reflexivity）——这一研究态度在质性方法论中似乎越来越受到重视（Macbeth, 2001；Breuer et al., 2002；Finlay, 2002；Mruck and Breuer, 2003；Guillemin and Gillam, 2004）。在我们的研究问题上采用反身性导致了研究策略的修改：我们在访谈中明确讨论了部署前的跨文化培训中"他者性"的话语生产，而不是询问他们在多大程度上准备好在"他者"文化环境中行动。

跨文化能力这一研究课题所面临的方法论挑战并非针对军方，而是暗示了研究设计中系统整合自反性工具的重要性。正如本章最后一节将要讨论的那样，质性范式为此提供了一个特殊框架。

其次，这种被称为应用合同研究的研究，在方法论方面提出了进一步的挑战。根据定义，它是由执行它的机构的特定利益决定的。德国特遣队的跨文化能力研究旨在增强士兵在特定文化背景下的任务表现，从而确保整个任务的成功。在这个意义上，应用合同研究需要一种方法论的视角，考虑到其研究结果在具体机构的传播和实际执行。它通常意味着对研究主题和可用方法的狭隘关注。在这种背景下，巴洛修斯（Barlösius, 2008）对科学论述孔德解决某些问题的创新方法提出了怀疑的观点。如果将以政府为基础的研究提到"科学之巅"，那将是一个相当大的风险，因为那些研究中使用的方法和解释在科学界中经常存在争议。这类研究结果可能会引发科

【38】   学争论——当应用于政治咨询时——可能会引发专家之间的争议。因此，他们是意在阻止而不是支持政治行动。为了减少这一风险，从政府的角度来看，依靠既定的科学工具包中无可置疑的方法似乎在政治上是可取的。[12]

在"2010年国际安全援助部队"的研究中，"既定的科学工具包"包括手册主导的访谈和小组讨论；事前，所有方法、工具都必须经过国防部的批准，并经过一个调整过程。所需的方法选择导致了方法论上的挑战，因为这些"被接受"的方法无法理解有关德国安全援助部队特遣队跨文化培训有效性的研究问题。访谈和小组讨论产生的数据是在一个非常具体的、人为的背景下产生的，它提供了对事件的回顾性观点，反映了主观的意义建构、社会期望与愿望以及印象管理动态。然而，检视跨文化能力在军队派驻地的重要性，需要创新方法才能研究在具体行动和环境中的培训效果。因此，捕捉情景动作和非言语动作模式的视听记录技术，也许能够满足调查的需求。视觉数据的系统使用是质性社会研究的一个发展，它在近十年里才出现（Harper, 2003；Emmison, 2004；Knoblauch et al., 2008），不属于国防部规定的规范方法之列。

同样，在反身性的概念中，质性研究包含了应对自反性这一挑战的有效选择。它指导了我们的看法——即我们使用的方法对数据生产的影响，并导致了适当的解释策略的纳入。例如，研究过程中采用了精神分析方法（Schülein and Wirth, 2011），有助于揭示访谈中关于文化"他者"的固有的集体投射。[13] 通过对跨文化能力论述中这些投射驱动力的分析，我们可以更深入地理解跨文化培训产生的非预期副作用，这些副作用可能会以适得其反的方式影响军事行动。

组织和控制一个较为狭窄的研究框架，特别是影响研究设计的策略，以保证研究结果"容易"应用且符合合同主体的利益，是合同研究的特点。只能说，这些特点在武装部队领域中表现得很极端，也就是说，它可以作为典型加以研究。因此，处理这类研究的方法论挑战不是军事研究特有【39】的。然而，应用合同研究带来的系统性限制可能会影响充分处理研究项目过程中经常出现的方法论挑战的可能性。然而，质性研究提供了将这些影响反身性地整合到数据分析中的策略。

最后，研究的制度框架——定义为德国国防部内的国家研究机构——

产生了重大的方法论挑战。这项研究是军事机构设置的一部分。军队被理解为一个"总体机构"（total institution），很明显，代表军队进行研究总是意味着研究成果对该领域产生直接影响的可能性。这些结果可以在士兵的教育和训练中实施，从而影响他们的职业认同和自我认知。

在这方面，在武装部队中进行的研究和为武装部队开展的研究可以与德国其他基于政府的研究领域区分开来，如与德国青年研究所做一个典型比较，德国青年研究所是家庭和青年事务部的一个研究机构。该研究所也通过其研究来影响该部的决定，例如关于弱势青年的支持措施，但基于研究的决定对该领域（"青年"）的影响显然非常有限，并需要通过许多不同行动者和机构进行调解，例如，家庭社会化，与弱势成年人合作的媒体或非政府组织。德国青年研究所涉及的社会领域比军事/武装部队更为开放，是由多种因素和动因决定的，因此，哪些干预措施有望更好地实施政治决策这一问题是研究本身的一部分。

相反，将研究成果纳入军事训练和命令通常会对士兵产生深远的影响。德国武装部队跨文化能力项目已经有助于实施全军事范围内具有约束力的教育理念，建立并扩大以证据为基础的同伴辅导员的培训，以及开发制定衡量跨文化能力的工具。因此，跨文化能力正被提升为战区士兵的一项关键军事资格，这项资格不仅是士兵在某些部署中必须具备的，而且是他们未来在武装部队的职业生涯所需要的。因此，如何实施研究成果不是一个原则问题，而是——如果做出了使用研究结果的政治决定——一个技术问题。

米歇尔·福柯（Michel Foucault）的治理理念为理解SOWI进行的军事相关研究的影响提供了一个理论框架。"控制"和"心态"的语义联系旨在表明审视权力技术需要分析潜在的政治合理性。在福柯的概念中，权力不可避免地与知识的生产联系在一起，而在（后）现代条件下权力的行使是以科学知识为基础的。莱姆克（Lemke, 2000a）写道：【40】

　　首先，该术语表达了一种特定的权力表现形式，即政府定义了权力行使合理化的话语领域。这可以通过术语和概念的产生、事项和限制的说明及论点陈述来实现。在这方面，治理

(government)并不等同于具体的内容或特定的方法，而是意味着一种"问题化"，即它定义了一个政治认识论空间，在这个空间中，历史问题(可能)会发生，并同时提供(可能冲突或对立的)应对策略。因此，福柯意义上的"治理"概念构成了具体的干预形式。政治理性不是一种纯粹而中立的知识，它重新呈现了一个将要被治理的现实，并总是呈现了一种对现实的智力修改，政治技术可以介入其中。这意味着，司法机关、机制、机构和形式允许政府根据政治理性处理其目标和主体。[14]

从这个意义上讲，基于政府的军事相关研究(作为精神控制机构)可以被理解为一种意愿的表现，即不断地合理化政治决策，使政治领导过程更加有效，并扩大秩序和控制的体制。因此，权力并不是作为一种(纯粹的)等级制的、压制性的自上而下的国家权力来运作，而是包括一系列广泛的控制技术，例如适用于人口的生物政治控制、纪律机构(学校、医院、精神病院等)的社会控制，这些控制技术被个人内化(主观化)，成为一种自我控制。如果要理解 SOWI 在德国研究领域中的独特地位，就必须考虑到这种权力和主观化过程之间的强烈关系，这是治理性(governmentality)概念所暗示的(Sellin, 1984; Senellart, 1995)。

这对于跨文化能力项目也很重要。该项目根据"有用的士兵"应该内化的技能和知识的定义，决定性地塑造了跨文化能力培训，因此是主观化实践的构成基础。该项目构成了福柯意义上的权力知识，它带来了在具体研究背景之外开发成果的可能性，并提出了研究责任的问题。

再次以前面的案例为例，拒绝从跨学科和跨部门的角度研究社会性别和生理性别的差异势必会对士兵有一定的影响，因为它只关注士兵的个人能力，阻碍了在更复杂的结构层面上讨论跨文化能力，忽视了多重社会差异的相互联系。军队对跨文化能力的要求反映了当前治理术驱动背景下军人"创业自我"的个人责任属性。武装部队的合同研究没有批判性地描述和分析其社会背景下的军事支配性，而是倾向于复制现有的知识领域、机构权力关系，从而支持对现实的天真重复。因此，以下问题变得相关：跨文化能力的研究是否会导致士兵个人的过度训练？从规范的角度来看，士兵

【41】

的身份中是否有某些"他者"的形象需要被解构？武装部队作为一个组织，是否通过将士兵个人的文化能力作为具体行动能力，从而摆脱在政治和战术决策过程中反映文化问题的必要性（Tomforde, 2009）？

这里的重点是，研究的体制框架本身并不构成方法论上的挑战，但加剧和深化了与主题和研究类型相关的挑战。它增加了一个决定性的伦理维度，同时强调了在军事框架内进行研究时，伦理考虑是任何方法论反思的组成部分。

对研究领域的直接和特权访问、为研究提供的资源以及现场不同行动者可能产生的后果，导致 SOWI 对研究负有特殊责任。这就要求通过整合自我反思元素，对研究在战区中的作用进行系统和持续的分析，并将之作为研究设计的一部分：能否利用跨文化能力这样的概念来提高有效和"成功"应对的能力，以及通过更好地理解他/她的文化背景从而实现对抗和杀死"他者"——尽管这一概念在历史上和认识论上植根于对社会权力关系、种族中心主义话语和等级结构的批判，以赋予"他者"权力？在这个过度确定的领域中，我们如何才能将自己定位为具有社会责任感的研究者？研究的政治背景和具体影响会对我们的工作（和我们自己）产生什么样的伦理后果？

质性范式再次为回答这些问题提供了一个有用的工具。它能够借助后福柯传统中包含的决定性分析来考虑权力的重要性（Buhrmann, 2004; Klemm and Glasze, 2004），展示了质性方法在军事相关问题研究方面的潜力。

策略与视角

在上一节中，我们试图指出跨文化能力研究所遭遇的大多数挑战，以及与研究主题和研究类型有关的挑战，并不是针对军方的，它们也出现在社会学研究的其他领域，在这些领域中，差异问题得到了检验，由于应用相关的合同而存在方法限制。因此，处理它们的方法论影响不需要军事专用的研究策略。 【42】

很有必要检查在其他背景下制定、实施和测试的策略是否可以转移到军事研究中。库纳和朗格尔（Kühner and Langer, 2010）在大屠杀教育和艾滋病毒预防的质性研究中讨论了其中的一些策略(Langer et al.，2008; Langer，2009b)。关于我们在上一节中提到的在质性研究中采用自我反思，他们指出：

> 研究者并不是唯一能够进行反思的人。事实上，必须认真对待被研究主体的期待，将其视为(或多或少有意识地)意识到研究可能产生的社会政治后果或工具化的反身因素。为了将这一点付诸实践，受访者必须被更明确地描述为不仅提供信息(甚至真实的自我暴露)而且对研究过程有自己的想法和解释的人。(Kühner and Langer, 2010: 76)

例如，他们特别建议，在研究过程中用一段时间与受访者在基本层次上讨论一下项目，以承认他们对研究项目的期望和担忧。

因此，我们想指出，在军事研究中解决方法问题绝不能脱离我们的研究伦理和我们自己在研究中的责任——特别是当我们的研究主题与大多数其他研究相比，会产生更直接和深远的影响(Banniste, 1996)。特别是在像军队这样"强大"的机构背景下，研究结果可能会非常直接和广泛地影响参与者的生活(有时甚至是字面意义上的影响)，在我们的研究中系统地纳入参与性因素应该是不言而喻的。弗里西娜(Frisina, 2006)在其关于意大利穆斯林青年的研究报告中概述了回嘴焦点小组(backtalk-focus group)的讨论方式，通过与被研究者一起重新讨论研究者的解释类别，使利益相关者成为知识生成过程的一个组成部分，这可能是一个很有前途的工具。

之前关于我们在阿富汗跨文化能力研究中面临的挑战的讨论，指出了质性研究的特殊优势。因此，人们不仅应该询问军事质性研究的方法论意义，而且应该探索如何有效地利用质性研究设计，作为应对军事研究中可能出现的方法论挑战的特权策略。

【43】然而，质性研究本身并不是没有挑战。尤其是在主要依靠标准化的定量方法来实现"客观性"目标的背景下，质性范式及其不同的"良好研究"标准(如主体间性和与研究者相关的解释)面临着质疑。这给决策合法化带来了比引用定量研究的"硬事实"(hard facts)更大的困难。因此，在德国军事

社会学中，质性方法通常被视为研究项目中的初步工具，为解释统计结果或开展的主要定量研究提供背景信息。从这个意义上讲，军事研究的一个持久挑战是为质性研究的潜力创造一种制度敏感性。同样，其他研究领域也可以作为参考点。

例如，在健康研究中，质性研究在过去几十年中变得非常重要。关于质性研究对健康卫生部门的贡献，格林和索罗古德（Green and Thorogood, 2005）概述了可以转移到军事领域中的三个方面：首先，他们描述了在"回答无法从定量角度回答的重要问题的能力"方面的用途（2005：22）。在这方面，质性研究可以弥补以前研究的不足——在特定新主题和问题以及难以触及的环境等方面。其次，由于其解释驱动力，作者认为，质性研究不仅产生了"他者"数据，而且"为不太实证的认识论中的问题提供了更好的答案"（2005：22）。在复杂和敏感的背景下，他们更充分地涵盖了社会现实和主体间的意义产生过程，这些主体可以作为研究过程中的合作伙伴（Eide and Kahn, 2008）。最后，对于在该领域实际工作的政策制定者和利益相关者而言，质性研究"通常有助于使他们对患者的观点'敏感'"（2005：24），因为质性研究可以洞察客户的看法和解释，并与自己的经验进行比较；在政治层面上，质性研究"有可能为人口需求、制定适当政策以及如何与医护人员一起实施政策提供证据"（2005：24）。

在军事领域中，由于以经验为基础的政治决策研究会对该领域产生影响，因此有必要对研究进行敏感性分析。然而，要使这一观点成为德国军事社会学研究的常识，还有很长的路要走。

注释：

1. 本章所指的这项研究是在德国联邦国防军社会科学研究所进行的。但是，德国联邦国防军社会科学研究所和德国国防部都没有对文章的概念化、写作和出版产生任何影响。

2. 德国的私立大学、学院或其他研究机构，还不存在关于军事的连续社会学研究。这一现象可以理解为国家社会主义时代研究的意识形态工具化所产生的影响，导致这些研究机构与军队保持批判性的距离。他们对解 【44】

决军事问题感到明显不安，因为这些问题被认为是军事话语正常化的可能驱动因素。此外，德国联邦国防军社会科学研究所通过参加波茨坦大学"军事研究"硕士课程来影响学术社会学，这是唯一一门从社会学的角度专门研究德国军事的课程。因此，军事社会学领域缺乏关于对"真理"的制度认同和争论。

3. 在心理学中，术语"双重绑定"是指同时发送两个矛盾消息的交流模式。在本章的上下文中，它被用来描述具有一定方法论含义的话语冲突：不同的参考系（部委和科学界）导致研究主题、使用的方法和结果验证的必要性截然不同。一方面是向部委证明机构"价值"和研究所使用的方法的正当性；另一方面是在学科话语中论证其科学意义，很明显，这两者似乎很难兼容。双重绑定的情况甚至更加复杂，因为双方——部委和科学界——都不是单一的行动者，而是包含不同的、有时甚至是利益不一致的多元行动者。

4. 从系统理论的角度来看，媒体意味着一种制度上的不可控因素，它促成了不公布某些结果的决定。然而，国防部试图控制研究结果往往会引发非预期的相反结果：军事自信与调查任务之间的冲突，助长了不公布"敏感"结果的典型动态，媒体搜索和报道包含了对研究结果的假设和过度简化，这进一步导致了军方的保留和拒绝。

5. 关于特定研究活动（即没有行政问题）的数字有些不同：国家研究所的研究者约占德国研究者总数的15%，这些研究所的预算占总研究预算的10%。这可以解释为不同机构的"好"工作标准对研究的影响，以及由此产生的与其他政府机构进行协调的工作量，这些工作不一定注重效率。

6. 许多其他国家也有类似的国家研究机构，例如巴黎的国防社会科学研究中心或华沙的瓦斯科维研究所巴丹社会学系（Klein, 2005）。不过，它们有一些不同的主题重点，涉及各自的国家政治话语。此外，大多数国家都有各自的制度基础，因此开展研究的法律条件也不同：在英国，政府研究比德国更加私有化，这意味着武装部队研究可以在民间（私立和大学）研究机构中开展。在瑞士，与政府相关的研究被纳入了私立大学进行，例如，军队的社会研究在苏黎世大学进行。政府（共同）资助的智库研究——如美国兰德公司——的独立研究也必须在这一背景下予以看待。

7. 只在 2010 年底，法律才允许为项目提供外部资金支持。 【45】

8. 研究团队由安雅·塞弗特（Anja Seiffert，"德国武装部队军事部署"研究领域的领军人物和"2010 年国际安全援助部队"项目负责人）、菲尔·C. 朗格尔（Phil C. Langer，"跨文化能力"项目负责人）、卡斯滕·皮奇（Carsten Pietsch，"海军军官教育"项目负责人）和巴斯蒂安·克劳斯（Bastian Krause，团队军事顾问）组成。

9. 这种想法当然有些不切实际，因为例如，访谈总是意味着"研究者出于礼貌询问的目的，创造出一种不自然的社会情境"（Kellehear, 1996: 98）。所以，它包含采访者和受访者之间的权力关系与不对称。

10. 德语中的"fremd"一词用来描述阿富汗的"不同"文化，也包含了"异类"和"奇怪"的观念。

11. 关于文化"内部人"问题和位置挑战的讨论，参见甘加和斯科特 2006 年的研究（Ganga and Scott 2006）。

12. 翻译自菲尔·C. 朗格尔（Phil C. Langer）的德语原文。

13. 研究设计的窄聚焦（narrow focus）不仅涉及"既定"方法的选择，还涉及研究主题与其他话语的相互作用。在上述"方法论差异化"问题的背景下，当前的研究表明了在交叉性方法中论述其他差异的重要性（参见 Crenshaw, 1998; Bryant and Hoon, 2006; Degele and Winker, 2007; Vinz and Dören, 2007）。从这个意义上说，对"文化"等差异特征进行研究，需要解决与其他社会显著差异的关系，如性别、阶级、年龄和性别认同，这些是与文化和种族差异密切相关的。将这些敏感维度（在军事背景下仍然存在着社会禁忌）纳入军队跨文化能力研究中，将会加强研究成果的易于应用。因此，研究设计扩大不可能正式地（例如在手册中或在问卷中的定量部分）扩大到交叉性问题。

14. 菲尔·C. 朗格尔（Phil C. Langer）的德语原文的翻译；原文的重点——关于治理术（governmentality）的概念，请参见莱姆克的著述（Lemke, 2000b）。

参考文献：

Alford, J. and Cuomo, S. (2009) " Operational Design for ISAF," in "Afghanistan: A Primer", *Joint Forces Quarterly* 53(2): 92-98.

Apelt, M. (2004) "Militärische Sozialisation,"in S. B. Gareis and P. Klein(eds.) *Handbuch Militär und Sozialwissenschaft*, Wiesbaden: Vs Verlag für Sozialwissenschaften, 26-50.

Apelt, M. (2008) "Sozialisation in ' totalen Institutionen' ,"in K. Hurrelmann, M. Grundmann and S. Walper(eds.)*Handbuch Sozialisationsforschung*, 7th edn, Weinheim & Basel: Beltz, 372-384.

Azari, J. , Dandeker, C. and Greenberg, N. (2010) "Cultural Stress: How Interactions With and Among Foreign Populations Affect Military Personnel,"*Armed Forces & Society* 36(4): 585-603.

Badawia, T. , Hamburger, F. and Hummrich, M. (2003) *Wider die Ethnisierung einer Generation. Beiträge zur qualitativen Migrationsforschung*, Frankfurt am Main: IKO-Verlag für Interkulturelle Kommunikation.

【46】 Bannister, R. (1996) "Beyond the Ethics Committee: Representing the Other in Qualitative Research," *Research Studies in Music Education* 6: 50-58.

Barlösius, E. (2008) *Zwischen Wissenschaft und Staat? Die Verortung der Ressortforschung*. Online. Available at: http: //bibliothek. wzberlin. de/pdf/ 2008/p08-101. pdf(accessed 5 October 2009).

Benhabib, S. (1996) *Democracy and Difference*, Princeton: Princeton University Press.

Berns, A. and Wöhrle-Chon, R. (2004) "Interkulturelle Kompetenz im Einsatz,"in S. B. Gareis and P. Klein (eds.) *Handbuch Militär und Sozialwissenschaft*, Wiesbaden: Vs Verlag für Sozialwissenschaften, 322-331.

Biehl, H. (2010) "Kohäsion als Forschungsgegenstand, militärische Praxis und Organisationsideologie," in M. Apelt (ed.) *Forschungsthema Militär*, Wiesbaden: VS Verlag für Sozialwissenschaften, 139-162.

Božic, S. （2009） "Academic Narcissism and the Problem of Knowledge Accumulation in the Social Sciences, "paper presented at the conference *The Future of Social Sciences and Humanities*, Brussels, October 2009.

Breuer, F. , Mruck, K. and Roth, W. -M. (2002) "Subjectivity and Reflexivity: An Introduction, " *Forum: Qualitative Social Research* 3 (3). Online. Available at: http: //nbn - resolving. de/urn: nbn: de: 0114 - fqs020393 （accessed 2 January 2010）.

Bryant, L. and Hoon, E. (2006) "How Can the Intersections Between Gender, Class, and Sexuality Be Translated to an Empirical Agenda?" *International Journal of Qualitative Methods* 5 (1). Online. Available at: www. ualberta. ca/ ~ iiqm/backissues/5_1/pdf/bryant. pdf(accessed 30 November 2009).

Bührmann, A. (2004) "Das Auftauchen des unternehmerischen Selbst und seine gegenwärtige Hegemonialität. Einige grundlegende Anmerkungen zur Analyse des (Trans -) Formierungsgeschehens moderner Subjektivierungsweisen, " *Forum: Qualitative Social Research* 6 (1). Online. Available at: www. qualitative-research. net/fqs - texte/1 - 05/05 - 1 - 16 - d - htm (accessed 16 April 2006).

Carrier, M. , Krohn, W. and Weingart, P. (2007) "Historische Entwicklungen der Wissensordnung und ihre gegenwärtigen Probleme, " in P. Weingart, M. Carrier and W. Krohn(eds.) *Nachrichten aus der Wissensgesellschaft: Analysen zur Veränderung der Wissenschaft*, Weilerswist: Velbrück Wissenschaft, 11–33.

Carter, N. and Alderson, A. (2011) "Partnering With Local Forces, " *The RUSI Journal* 56(3): 34–40.

Carter, S. M. and Little, M. (2007) "Justifying Knowledge, Justifying Method, Taking Action: Epistemologies, Methodologies, and Methods in Qualitative Research, " *Qualitative Health Research* 17(10): 1316–1328.

Cordesman, A. H. , Mausner, A. and Lemieux, J. (2010) *Afghan National Security Focus: What It Will Take to Implement the ISAF Strategy*, Washington: Center for Strategic and International Studies. Online. Available at: http: //csis. org/ files/publication/101115_Cordesman_AfghanNationalSecurity Forces_Web.

pdf(accessed 12 August 2011).

Crenshaw, K. (1998)"Demarginalizing the Intersection of Race and Sex. A Black Feminist Critique of Antidiscrimination Doctrine, Feminist Theory, and Antiracist Politics," in A. Phillips (ed.) *Feminism and Politics*, Oxford: Oxford University Press, 314-343.

Degele, N. and Winker, D. (2007) *Intersektionalität als Mehrebenenanalyse*. Online. Available at: www. rosalux. de/fileadmin/ls _ sh/dokumente/ Intersektionalitaet_Mehrebenen. pdf(accessed 2 January 2011).

【47】 Devereux, G. (1967) *From Anxiety to Method in the Behavioral Sciences*, The Hague & Paris: Mouton and Cie.

Eide, P. and Kahn, D. (2008) "Ethical Issues in the Qualitative Researcher - Participant Relationship," *Nursing Ethics* 15(2): 199-207.

Emmison, M. (2004) "The Conceptualization and Analysis of Visual Data," in D. Silverman (ed.) *Qualitative Research. Theory, Method and Practice*, 2nd edn, London: Sage, 246-265.

Finlay, L. (2002) "'Outing' the Researcher: The Provenance, Process, and Practice of Reflexivity," *Qualitative Health Research* 12(4): 531-545.

Flick, U. (2006) *An Introduction to Qualitative Research*, 6th edn, London: Sage.

Frisina, A. (2006) "Back-talk Focus Groups as a Follow-Up Tool in Qualitative Migration Research: The Missing Link?" *Forum: Qualitative Social Research* 7(3). Online. Available at: http://nbn-resolving. de/urn: nbn: de: 0114-fqs060352 (accessed 12 May 2009).

Ganga, D. and Scott, S. (2006) "Cultural 'Insiders' and the Issue of Positionality in Qualitative Migration Research: Moving 'Across' and Moving 'Along' Researcher-Participant Divides," *Forum: Qualitative Social Research* 7(3). Online. Available at: www. qualitative-research. net/index. php/fqs/article/ view/134 (accessed 9 December 2009).

Goffman, E. (1959) *Asylums: Essays on the Social Situation of Mental Patients and Other Inmates*, Chicago: Aldine Publishing Company.

Green, J. and Thorogood, N. (2005) *Qualitative Methods for Health Research*,

Thousand Oaks: Sage.

Guillemin, M. and Gillam, L. (2004) "Ethics, Reflexivity, and 'Ethically Important Moments' in Research," *Qualitative Inquiry*, 10(2): 261–280.

Haddad, S. (2011) "Teaching Diversity and Multicultural Competence to French Peacekeepers," *International Peacekeeping* 17(4): 566–577.

Hajjar, R. M. (2010) "A New Angle on the U. S. Military's Emphasis on Developing Cross–Cultural Competence: Connecting In–Ranks' Cultural Diversity to Cross–Cultural Competence," *Armed Forces & Society* 36(2): 247–263.

Harper, I. (2003) "Reimagining Visual Methods: Galileo to Neuromancer," in N. K. Denzin and Y. S. Lincoln (eds.) *Collecting and Interpreting Qualitative Materials*, Thousand Oaks: Sage, 176–198.

Hennecke, M. (2005) *Über das Selbstverständnis der Ressortforschung. Presentation at the Wissenschaftszentrum*. Online. Available at: http://ressortforschung. de/de/res_medien/vortrag_he_ress_fo_beim_stifterverband. pdf (accessed 30 November 2009).

Hennecke, M. (2006) *The German Federal Research Institutes and their Role in Policy Advice*. Online. Available at: http://ressortforschung. de/de/res_medien/vortrag_he_lecture_bbaw. pdf (accessed 28 January 2010).

Hopf, C. (1978) "Die Pseudo–Exploration–Überlegungen zur Technik qualitativer Interviews in der Sozialforschung," *Zeitschrift für Soziologie* 7(2): 97–115.

Kellehear, A. (1996) "Unobtrusive Methods in Delicate Situations," in J. Daly (ed.) *Ethical Intersections: Health Research, Methods and Researcher Responsibility*, Sydney, Australia: Allen & Unwin, 97–105.

Kiesel, D. (1996) *Das Dilemma der Differenz. Zur Kritik des Kulturalismus in der interkulturellen Pädagogik*, Frankfurt am Main: Cooperative–Verlag.

Klein, P. (2005) "Militärsoziologische Forschungseinrichtungen, Arbeitskreise und wissenschaftliche Vereinigungen," in N. Leonhard and I. – J. Werkner (eds.) Militärsoziologie–Eine Einführung, Wiesbaden: VS Verlag für Sozialwissenschaften, 346–351.

【48】 Klemm, J. and Glasze, G. (2004) "Methodische Probleme Foucault – inspirierter Diskursanalysen in den Sozialwissenschaften. Tagungsbericht: ' PraxisWorkshop Diskursanalyse', " *Forum: Qualitative Social Research* 6 (2). Online. Available at: http: // nbn–resolving. de/ urn: nbn: de: 0114–fqs0502246 (accessed 28 April 2006).

Knoblauch, H. , Baer, A. , Laurier, E. , Petschke, S. and Schnettler, B. (2008) "Visual Analysis, New Developments in the Interpretative Analysis of Video and Photography, " *Forum: Qualitative Social Research* 9 (3). Online. Available at: http: // nbnresolving. de/ urn: nbn: de: 0114 – fqs0803148 (accessed 14 March 2010).

Krainz, U. and Slunecko, T. (2011) "Negotiating Cultural Differences in a Total Institution: Muslim Conscripts in the Austrian Armed Forces, " in I. Menke and P. C. Langer (eds.) *Muslim Service Members in Non – Muslim Countries. Experiences of Difference in the Armed Forces in Austria, Germany, and The Netherlands*, Strausberg: SOWI (=Forum International, 29), 105–134.

Kühner, A. and Langer, P. C. (2010) "Dealing With Dilemmas of Difference. Ethical and Psychological Considerations of ' Othering' and ' Peer Dialogues' in the Research Encounter, " *Migration Letters* 7(1): 69–78.

Langer, P. C. (2008) "Aktuelle Herausforderungen der schulischen Thematisierung von Nationalsozialismus und Holocaust, " *Einsichten und Perspektive*, Themenheft 1: 10–27.

Langer, P. C. (2009a) "Doing Research in the Name of War? Experiences from a Social Science Institute Within the Army, " paper presented at the conference *The Future of Social Sciences and Humanities*, Brussels, October 2009.

Langer, P. C. (2009b) *Beschädigte Identität. Dynamiken des sexuellen Risikoverhal–tens schwuler und bisexueller Männer*, Wiesbaden: VS Verlag für Sozialwissenschaften.

Langer, P. C. (2012) "Erfahrungen von ' Fremdheit' als Ressource verstehen, " in A. Seiffert, P. C. Langer and C. Pietsch (eds.) *Der Einsatz der Bundeswehr in Afghanistan*, Wiesbaden: VS Verlag für Sozialwissenschaften, 121–140.

Langer, P. C. , Cisneros, D. and Kühner, A. (2008) "Aktuelle Herausforderungen der schulischen Vermittlung von Nationalsozialismus und Holocaust. Zu Hintergrund, Methodik und Durchführung der Studie," in *Einsichten und Perspektiven*, Special Issue 1, 10–27. Online. Available at: http://192. 68. 214. 70/blz/eup/01_08_themenheft/2. asp (accessed 30 March 2012).

Lemke, T. (2000a) *Neoliberalismus, Staat und Selbsttechnologien. Ein kritischer Überblick über die governmentality studies*. Online. Available at: www. thomaslemkeweb. de/engl. % 20texte/Neoliberalismus% 20ii. pdf (accessed 5 February 2010).

Lemke, T. (2000b) *Foucault, Governmentality, and Critique*. Online. Available at: www. andosciasociology. net/resources/Foucault $2C+Governmentality $2C+and +Critique+IV–2. pdf (accessed 5 February 2010).

Macbeth, D. (2001) "On 'Reflexivity' in Qualitative Research: Two Readings, and a Third," *Qualitative Inquiry* 7(1): 35–68.

Menke, I. , Langer, P. C. and Tomforde, M. (2011) "Challenges and Chances of Integrating Muslim Soldiers in the Bundeswehr. Strategies of Diversity Management in the German Armed Forces," in I. Menke and P. C. Langer (eds.) *Muslim Service Members in Non–Muslim Countries. Experiences of Difference in the Armed Forces in Austria, Germany, and The Netherlands*, Strausberg: SOWI (=Forum International, 29), 13–42.

Mruck, K. and Breuer, F. (2003) "Subjectivity and Reflexivity," *Forum: Qualitative Social Research* 4(2). Online. Available at: http://nbn– resolving. de/urn: nbn: de: 0114–fqs0302233 (accessed 11 January 2011). 【49】

Nesbit, R. and Reingold, D. A. (2008) *Soldiers to Citizens: The Link between Military Service and Volunteering*. Online. Available at: www. rgkcenter. org/sites/default/ files/file/2008papers/Nesbitt. pdf (accessed 1 October 2011).

Schneider, W. L. (2010) "Kultur als soziales Gedächtnis," in G. Albert and S. Sigmund (eds.) *Soziologische Theorie kontrovers*, Wiesbaden: VS Verlag für Sozialwissenschaften, 427–440.

Schülein, J. A. and Wirth, H. –J. (eds.) (2011) *Analytische Sozialpsychologie. Klassische und neuere Perspektiven*, Gießen: Psychosozial–Verlag.

Sellin, V. (1984) "Regierung, Regime, Obrigkeit," in O. Brunner, W. Conze and R. Koselleck (eds.) *Geschichtliche Grundbegriffe, Band* 5, Stuttgart: Reclam, 361−421.

Senellart, M. (1995) *Les arts de gouverner. Du regimen médiéval au concept de gouvernement*, Paris: Editions du Seuil.

Strauss, A. and Corbin, J. (1998) *Basics of Qualitative Research. Techniques and Procedures for Developing Grounded Theory*, Thousand Oaks: Sage.

Taylor, C. and Gutmann, A. (eds.) (1994) *Multiculturalism and "The Politics of Recognition"*, Princeton: Princeton University Press.

Tomforde, M. (2009) "Bereit für drei Tassen Tee? Die Rolle von Kultur für Auslandseinsätze der Bundeswehr," in S. Jaberg, H. Biehl, G. Mohrmann and M. Tomforde (eds.) *Auslandseinsätze der Bundeswehr. Sozialwissenschaftliche Analysen, Diagnosen und Perspektiven*, Berlin: Duncker & Humblot, 124−148.

Tomforde, M. (2010) "The Distinctive Role of Culture," *Peacekeeping International* 17(4): 450−456.

Vinz, D. and Dören, M. (2007) "Diversity Policies and Practices: A New Perspective for Health Care," *Journal of Public Health* 15(5): 369−376.

Vuga, J. (2010) "Cultural Differences in Multinational Peace Operations: A Slovenian Perspective," *International Peacekeeping* 17(4): 554−565.

Weingart, P. and Schwechheimer, H. (2007) "Institutionelle Verschiebungen der Wissensproduktion−Zum Wandel der Struktur wissenschaftlicher Disziplinen," in P. Weingart, M. Carrier and W. Krohn (eds.) *Nachrichten aus der Wissensgesellschaft: Analysen zur Veränderung der Wissenschaft*, Weilerswist: Velbrück Wissenschaft, 41−71.

Wissenschaftsrat (WR) (2009) *Stellungnahme zum Sozialwissenschaftlichen Institut der Bundeswehr (SWInstBw), Strausberg*, Bonn: Wissenschaftsrat.

4 不断发展的经验：
自我民族志和军事社会学
——一个南非人的沉浸

伊恩·利本伯格

引　言

就传统或正统的研究方法而言，自我民族志的贡献是不同的。尽管自 【50】
我民族志起源于 20 世纪 90 年代，开创这种方法的一些先驱者来自美国和
英国，但这种方法并不广为人知。对于一些更"正统"的研究者来说，自我
民族志是不和谐的音符，有时被描述为"格格不入的研究"或者是"太近了
和个人化"。有些人不喜欢，有些人发展了它，然而当代的质性研究得益
于自我民族志，一些杰出的学者提倡其价值（De Marrais, 1998; Ellis and
Bochner, 2000; Czarniawska, 2004; Gingras, 2007）

作为一种方法，自我民族志经常使用由个人经验触发的个人叙事。读
者可能会回忆起一两次这样的情况，一位评论者批判性地评论说，某人对
作者看得不够透彻或者"感受"不够深，一些共同的观点是"遥远的"（即，
更多的是作者的经历或者发现的理性处理，而不是经历的背景或情感）。
自我民族志试图去填补这一空白，其基本思想是分享生活片段或沉浸在人
类经验中。人类是身体或躯体生物（Hanna, 1970; Luijpen, 1980）。因此，在
寻求知识的过程中，人们分享那些与人性、共享和个人审判、情感和感受
等有关的经验。自我民族志作为一种方法，在不失去研究背景或研究对象
的情况下，实现了"研究者回归"。

自我民族志需要——如果没有蓬勃发展的话——将研究者的反思经验作为研究工具之一。个人的例子和反思是至关重要的，并为社会背景下的自我和他人叙事增加了价值。

【51】以使用同行评议员（peer debriefer）为例，一位研究参与者充当一个一致的共鸣板。同行评议员（由作者自己选择，以批判性地评论他们的工作并分享他们的研究路径）可以在获得博士学位或其他质性研究成果的过程中，为研究者提供极大的帮助。在自我民族志研究过程中，同行评议员是固有的人类工具。自我民族志研究者必须注意在研究道路上陪伴自己的人。如果说我们是质性研究的工具（特别是在自我民族志中），那么同行评议员就是那些共同磨炼和强化研究工具的人，包括作为工具的研究者本人。同行评议员的评论有助于重新思考研究、个人经历和重新写作。听取同行的评论会引起反思，并成为获取和分享见解过程的一部分。

有人认为"自我民族志是一种特殊的写作方式，它试图将民族志（向外看一个超越自己的世界）和自传体（向内看一个自己的故事）结合起来"（Schwandt, 2001: 13）。"自我民族志旨在唤起而不是陈述一种主张。它旨在邀请读者进入文本，重温经验，而不是去分析它。"（同上）它是一种关于人性的对话邀请，而不是铁板一块的假设和真理的冰冷陈述。对于正统研究者或具有实证主义倾向的人来说，自我民族志可能会发出刺耳（不和谐）的声音。

自我民族志的挑战

比尔尼耶（Burnier, 2006: 412）建议：

（个人）写作是个性的混合，将个人的故事与他或她（作者的）个人的故事结合在一起。它不是严格意义上的学术性写作，因为它包含了个人的东西；但它也不是严格意义上的个人写作，因为它包含了学术性的东西。……它消除了学术和个人之间的错误二分法。

我必须在这里与读者分享一个注意事项。自我民族志作为一种研究方法，其严谨程度不亚于其他研究方法。研究者必须像使用其他方法的研究者一样，谨慎地处理研究参与者提供的事实、日期和言论。研究伦理和社会科学界的规范与任何其他项目一样重要。不使用三角测量和可验证性等术语。然而，研究过程仍然应该是可复制、可转移且可信赖的。研究路径上的研究者或人类工具（换句话说，我作为作者）应该能够提供审查研究的线索，并如实说明所采取的研究步骤和研究的不足之处（后者毕竟只是研究者作为人的批判性延伸）。研究完成的过程，应该为其他环境中的研究者开展的研究过程及其社会价值提供指导。

个人参与的任何社会过程不是"与过程分离"的，而是"成为一部分"。【52】社会和个人经历相互影响。在报告研究过程和发现时，需要个人参与（Plummer, 2001: 34-35）。生活经验并非缺乏对不断增长的知识库有价值的可能见解。没有人是孤岛，集体经历可以带来深思熟虑的见解，从而促成更为和谐的未来人际关系——甚至为政策选择提供信息。在这种背景下，自我民族志是一种与知识生产相关的活动。

在寻求知识的过程中，我们不能使自己脱离我们的研究或研究发现。在与你们分享研究报告时，我也做不到。赖特·米尔斯（Wright Mills, 1972: 7ff.）尖锐地指出，研究者无法与研究结果或研究过程保持距离。质性因素占有重要地位。从本质上讲，研究者是身体或躯体的存在（Hanna, 1970）。他是一个符合道德规范的人（Peperzak, 1977）。作为一名研究者，我是一个在知识中成长，从错误中学习、获得洞察力并融入互动的社会过程的个体（Higate and Camron, 2006: 220; Luijpen, 1980）。

自 20 世纪 90 年代以来，自我民族志这一新流派的作者们一直令人信服地主张接受"质性主体性"，以扩大我们的社会知识基础（Ellis and Bochner 1996, 2000; Garrat 2003; Denzin, 2006: 419ff.; Etherington, 2006）。对上述问题的认识，为从事自我民族志的人提出了一个主要挑战。

选择，选择和选择：从事博士论文研究

几年前我开始写博士论文。在忙于其他项目、开展政治行动、热衷于写作和演讲等各项事务中间，我的研究几乎没有取得什么实际进展。当时，我在不同的领域工作，如真相与和解进程、民主过渡、国家建设、南非解放斗争的历史和公众参与——所有这些都是相关的，但没有明显的清晰的联系。直到一位同事提醒我，缺失的一环是我的个人经历：曾经生活于种族隔离社会，曾经参与寻找社会变革的替代方案，曾经密切参与南非从独裁统治向民主过渡的过程。从独裁统治到 1996 年新宪法的颁布，跨越了 20 世纪的 70 年代、80 年代和 90 年代。他提醒我，我经历了这些时代的考验和磨难。在我的例子中，积累了大量个人的和共享的经验，等待着"我"作为质性研究的工具，掌握这些经验后尽快分享。

【53】 我的第一个研究提案设想对后独裁政府处理过去的严重侵犯人权行为的各种模型进行描述性研究和分析。后威权统治政体选择了各种方法来处理过去的侵犯人权行为。这些办法包括宽恕和遗忘(如西班牙、纳米比亚和津巴布韦)，真相与和解委员会(阿根廷、智利、南非)，混合办法，如法庭诉讼和处理违法行为的公共论坛(卢旺达)。在没有发生政府更迭的地方，政府发起的委员会调查侵犯人权和暴力行为(津巴布韦、以色列、南非)。这些处理模式存在可以比较的空间。海纳(Hayner, 1994: 597ff.)和布隆霍斯特(Bronkhorst, 1995)的工作证明了这一点。仔细审视南非真相与和解委员会(SATRC)以及对冲突后和解办法的一些比较的观点，提供了一个很有价值的机会。真相与和解委员会(TRC)是众多案例中的一个，它很独特但又很普遍，它是一个充满人类经验的政治进程。

除了比较视角外，还存在获取定量数据的可能性。当时，作为南非人类科学研究委员会(HSRC)的高级研究员，我获得了年度调查收集的数据，其中包括 SATRC 的调查问题。我原本可以从这些数据中挖掘定量数据，但是，存在局限性。由于 HSRC 的研究重点不断改变，与 SATRC 相关的问题在下一次全国调查中消失了。因此采用定量方法进行研究的可能性也不复存在。是时候反思和重新考虑我个人的研究路径了。

当时，我为期刊和其他媒体撰写了关于SATRC的各种文章，其中一些文章将SATRC与其他真相委员会进行了比较，如阿根廷、智利和后来的卢旺达（在所有这些情况下，军方及其滥用权力是中心）。我还研究了国家暴力事件之后政府发起的委员会，如萨布拉和查提拉之后的以色列调查委员会、南非戈德斯通委员会（Goldstone Commission）、乌干达和津巴布韦（失败的）委员会，以及后来尼日利亚的奥普塔报告（the Oputa Report）。我的研究得益于早些时候对南非种族隔离前和种族隔离后的SATRC与军民关系（CMR）的关注。然而，由于南非不是唯一一个经历过侵犯人权事件并在事后处理过此类行为的国家，因此，比较元素（在当代质性研究中称为广泛案例）就进入了研究。

关于缺失环节的上述讨论具有相关性。我当时的研究负责人显然已经失去了兴趣（只是又一个提醒，成功完成博士学位或者硕士学位的一个重要选择就是选择正确的研究负责人）。我换了另一位研究负责人。再加上一位资深的共同主管，事情进展迅速。这里是个人叙述和其他人的叙述。【54】自我民族志作为一种质性研究方法，确实触及了生活的各个方面。它是近距离的、个性化的，并且趋向于多层次化的。

在选择自我民族志时，一些人选择了后现代主义的方法。我决定不按照后现代主义的范式工作。暴力和战争不是相对的。社会政治冲突是真实存在的，不是想象出来的。向德里达表示歉意，无休止地"剥洋葱"不会带来有益于未来人民的见解，这些人民在有组织的国家暴力事件中拥有了相同或相似的经历。查尔斯·莫斯科斯（Charles Moscos）恰当地指出，我们已经到了后现代军事的阶段（Ferreira, 2011: 5）。然而，在我的研究中，没有一个国家发现自己属于后现代军事联盟。他们在武装力量的组成、指挥、控制和运用方面都是现代的或现代晚期的，即使是在针对自己的公民时也是如此。

我进行的研究集中于SATRC及其对后种族隔离民主国家中的平民控制的潜在影响之间的联系。在更广泛的范围内，它涉及了其他案例和民主化的挑战。随着研究进程的展开，其他人的叙述和个人经历也进入了研究。

经验、(个人)叙事和社会背景

　　个人经历在这项研究中发挥着核心作用。这源于笔者具有在种族隔离社会中军事化的特殊经历，例如军校学员制度，作为一名 16 岁的青年参加本土防御部队或领土民兵队(如特战队/突击队)，后来又被征召入伍。对于出生于 20 世纪 60 年代的南非人来说，就像我一样，种族隔离制度是根深蒂固的(1960 年，南非在受到反对实行种族隔离的批评后脱离英联邦，并在 1961 年举行了一次仅限白人参加的公民投票后单方面宣布自己为共和国)。在联合国，随着对南非的批评越来越多，南非的政治孤立也越来越严重。在国际舞台上，南非与阿根廷、智利、乌拉圭、巴拉圭、刚果(金)、马拉维、以色列等有着专制、排斥和严重限制民主历史的国家保持着紧密的联系。白人少数民族在民族党精英和秘密的南非阿非利堪人兄弟会(Afrikaner Broederbond)的领导下，在一个种族统治不断自我完善、带来压迫和残暴等明显负面影响的社会中贪婪地执掌权力。

　　个人的各种经历融入了自我民族志中。如，中学时期，我们有一个学员制度，男孩(和自愿的女孩)参加训练和射击练习。全国大约有 500 所白人学校加入了这个系统。这个系统是为军事服务做准备的，在隐蔽的课程层面上灌输爱国主义，并在一定程度上灌输种族主义。中学的白人男孩每年都要登记服兵役。我于 1978 年被录取入学(军校的军士军衔和部队编号以"76"开头，表示 1976 年注册)，在入学前服了两年的兵役(征兵在南非称为国民服役)。我接受了步兵训练，完成了初级领导课程，成为中尉(排长)，完成了三次边境任务(作战部署)，两次担任排长。

　　在经历了童年、征兵入伍及学习深造后，我成为一名具有政治意识的反种族隔离活动家，在 HSRC 任职期间，我在 SATRC 见证了征兵的作用和影响，并就临时宪法的某些方面提供了政策建议。在以新宪法为基础发表第一份题为《民主中的国防》的国防白皮书(1996 年 5 月)之后，我成为国防审查进程(DRP)的平民代表。作为参与者、参与观察者和观察参与者，我的个人参与提供了数据并反思了经验。我把与平民和军事/安全团体的互动，添加到数据收集中。因此，从 1967 年入学到 1997/1998 年南非实施

【55】

国防审查进程(以及 1995 年颁布的 SATRC 立法)，我有 30 年的观察者、参与观察者和观察参与者的经验；这显然是从事自我民族志研究的良好基础。

我打算在类似的背景下讲述我自己的故事和其他人的故事，这样可以使人们对该领域的发展有更好的理解。要做到这一点，我坚定地采用了自我民族志的方法。"讲故事"(而不是"故事")不是唯我论或无条件的复调(unqualified polyphony)。个人叙事仍然以研究者作为人类工具沉浸在(共享的)经验、学术和其他书面材料(包括档案材料)中为基础。个人叙事包括生活经历和书面的、学术的及反思的数据，与真实主体(本案例中的研究参与者)的生活密切相关的片段。一个比较性的元素——或者广泛案例(broader casing)——进入了叙事，或者，进入了多层叙事。与这位同事的讨论指出了个人的参与和经验形成了完整的循环。

我意在为参与者和我的经历提供一种"感觉"，并同时仍然清楚地意识到可能夸大了个人经历或者存在不加批判地建议从一种环境输出或转移到另一种环境的情况。除此之外，我的目的是通过这一探索，为从专制和/或压迫统治向民主过渡的其他国家提供一些政策指导和建议，并概述平民控制军队的可能影响。毕竟，无论是从自由、社会民主还是更激进的角度来看，接受平民控制和监督军队的态度的制度化和培养涉及人类主体("我"和"我们")，包括反对压迫的社会行动，并与民主理想交织在一起。【56】在这里，不同受访者(研究参与者)的个人经历提供了宝贵的数据。通过多层次的研究，我能为当地军事社会学的社会科学知识提供见解，并确定进一步研究的优先领域，而不会以客观或人类经验相对化的观点加重读者或未来研究者的负担。

作为借鉴，我从米汉(Meehan, 1988: 14)那里得到了启示："系统研究的目的是让某处的那些人过上更好的生活。"研究特定的社会现实、问题或现象有许多原因。仅仅为了好奇而进行研究，对我来说没有什么价值。研究的一个原因是以某种实际的方式做出贡献。个人经历和南非发生的社会政治变化，以及在独裁统治后改善我们状况的信念，进一步推动了我对所选主题的研究承诺。解决社会问题与诸如通过民事控制和军民关系来保障人权以实现安全治理等问题交织在一起。自我民族志方面在这里可能会很有用。

经验，批评和人

多年来，我的一个基本目标是，在可能的情况下，我选择不排斥那些对我的知识和经验做出贡献的外行人。在寻找有助于改善社会的方法的过程中，有许多来源。调查获取的见解、生活经验及分享的知识并不属于一个人，而是属于很多人，而且不仅来源于大学学位获得者或学校教育者。在知识上，一个人站在他人的经验和远见的肩膀上，而我们常常处于自己及同行的后见之明和远见中。有意识地，我将自己暴露在非学术人士、从业者和来自不同社会的遭受压迫的人的面前。但是，向他人暴露自己和对他人开放并不是全部。

多年来，我查阅了大量文献。随着我的关注点越来越清晰，我有了一个可供文献综述使用的文献仓库。与此同时，我必须仔细阅读关于自我民族志的文献。虽然我精通一般的质性方法，如个体访谈和焦点小组，但自我民族志是一种不同的类型。充分的阅读和与研究参与者的持续互动，同样重要。

我认真反思了自己的方法，并与其他人进行了讨论，开始起草与可能参与者进行面谈的时间表。我很幸运有这样一位研究负责人，他是质性研究和自我民族志方面的专家。我与学者、从业者和其他曾参与或经历过压迫和转型时代的人，进行了充分的互动。在研究负责人的协助下，我们在学习自我民族志的学生之间定期举行讨论小组。在更广泛的范围内，有过类似经历的其他国家和人民变得重要起来。我作为东道主接待了一位来自乌干达的访问学者，他发挥了至关重要的作用。他与我分享了他在乌干达和大湖地区的经历。我可以和他一起测试我的访谈清单，并对其进行完善。这一研究领域中的同学和同行评议员（我选择了三个人）对清单和文本进行了评论，从而促进了改进。请允许我在此补充一点，在研究的道路上，情况会发生变化，你所采访的人都是不同的个体，他们有着自己独特的经历。从这个意义上说，访谈清单永远不会完成；它在研究过程中演变。

读者会发现，研究合作发生在不同的关键层面。波特（Potter, 1996:

【57】

109）明确了质性研究者在收集证据时可以合作的程度：

1. 研究者共享分析，或横向合作（horizontal collaboration）；
2. 研究者与研究参与者的合作，或纵向合作（vertical collaboration）。

在自我民族志中，也会发生同样的情况。然而，这不仅仅是与其他研究者的合作。在这里，它特别适用于冒险进入田野的人、有准入权的人和参与者。作为一种研究工具，它还涉及同行评议员、参与者和我之间的反馈循环。重点不在于分析，而在于分享经验的横向和纵向联系。我想在这里加上第三个层次：与非学术背景的从业者合作，与他们以及他们的"生活经历"一起生活。为了增加价值，我在收集数据时设置了三个类别。斯帕克斯（Sparkes）正确地指出，研究者是一个积极的参与者。了解研究者的自我定位很重要（Sparkes, 2002: 17）。研究者的位置会影响研究者和参与者的情感自我所处的社会环境（Sparkes, 2002: 17-18）。正是在这里，研究者需要"通过反思被写入研究"（Higate and Camero, 2006: 221）。

与此同时，我必须平衡自己的行为。我报告了个人经历和情感，但并没有将我所采用的类型提升到"文本解读意识的增强"屈服于"虚构的自传体民族志"或普鲁默（Plummer, 2001: 34-35）所指的全面"混合类型"的程度。自我民族志不是写传记或小说。我所写的是真实人物的真实经历。道德义务仍然存在（Preston-Whyte, 1990: 239ff.; Guillemin and Gillam, 2004: 261, 263-265）。我遵守了社会科学研究共同体制定的伦理规范、标准和普遍准则，例如不伤害研究参与者、不侵犯他们的隐私、不误导参与者。我【58】选择公开收集自我民族志的数据。我选择不去虚构场景，这种场景发生在一些混合类型或模糊类型的自我民族志中。我尽量避开模糊类型，主要是因为我的出发点不是后现代主义的。它与真实生活经历中的自我和他人的叙事有关。我的研究也不是秘密进行的，而是公开进行的。毕竟，透明的研究不是也不应该是情报收集或新闻调查活动。

获得授权并与研究者达成一致是至关重要的决定。我没有计划所有的互动。在某些情况下，我在没有直接请求的情况下获得了访问权。在另外的一些时候，访问是以持续的努力和精力为代价的。研究者在某些情况下会被拒绝，而在其他情况下会被授权，研究者必须接受这些并将其作为研究过程的一部分。

冒险进入这一领域绝非易事。以滚雪球方式找到研究参与者，很有挑战性。因为很难找到参与者。然后突然地，真正的研究工作开始了。获得准入权需要承诺、理解和同情。在某些情况下，授权是通过协商获得的。然而，一般来说，授权是争取来的，而不是给定的。通过努力工作，也会有幸运的巧合，我在研究过程中遇到了研究参与者。他们来自南非和纳米比亚（这两个国家的挑战较小）、卢旺达、乌干达、阿根廷和西班牙——所有这些国家都经历过殖民主义或独裁政权，并存在侵犯人权的情况。

访谈永远不会结束。我经常回到参与者那里，在所有情况下（对我来说很幸运！）他们对我都很有帮助。访谈并不总是那么容易。一名参与者在阿根廷遭受了军政府镇压措施的冲击。她离开这个国家前往南非前，失去了朋友和家人。在这次采访中，没有什么是容易的。这些遭遇深深地触动了我，我很难想象她所经历的一切。她勇敢地完成了访谈和后续跟进的补访。也许她的经历对我的触动很大，是因为当时我不得不面对四位密友（洛基、鲁尔、伊莉莎和我父亲）的相继去世。也许是因为在活动时期，我失去了同事（我们称对方为同志），他们被安全部队杀害。至于我作为一名义务兵的"前世"，我很幸运没有失去任何亲密的朋友。我从没有见过与敌人的近战，只见过那些在对战中丧生的人的尸体。然而，当时我们被训练杀人，作为一名教官，我反过来训练我的士兵杀人。

在南非案例中，特别有用的访谈是与南非国防军的退役军官、两名将军以及非洲国民大会军事部门（Umkhonto we Sizwe）的前游击队干部们进行的。这些访谈的问题较少，在某种程度上也较少情绪化。我们所有人，即使过去有不同的经历，但都生活在种族隔离时期和过渡时期。这些经历提供了一些共同的经验和后见之明，丰富了研究叙事。这样说并不意味着对南非国防军前成员的采访一次也没有引发潜在的紧张关系。然而，在互动过程中，我们两人成功地分享了有益于研究的观点，这样做或许表明，虽然无法实现共同愿景，但在社会隔离时代结束之后，通过寻求和解和促进互动交流，仍有办法进一步对话。

我很快意识到访谈清单还有其他用途。我调整了清单，以便在征求电子邮件回复时使用。我有很多早期的联系人，我开始与他们联系。我通过电子邮件发送了几十份清单，且保证对反馈信息遵守保密原则，并向每个

【59】

潜在参与者解释了研究的必要性和价值。我确保我联系了学者、理论家、实践者和那些在我的研究中密切接触过的人。大约一半的人给出了答复。另外的一些人表示，他们太忙了，没有信心对该领域发表评论，或推荐其他人代替自己。当一些电子邮件参与者流失时，我尝试用其他人代替他们，并取得了不同程度的成功。

那些回复电子邮件的人的回答令人吃惊和感到新鲜。参与者们分享了一些逸事和其他案例的参考资料，这些案例为我现在的成为研究一部分的更广泛的案例增加了很多价值。此外，在至少两个案例中，我收到了清单之外的许多受欢迎的材料。一位西非受访者向我提供了一些报告，这些报告在公共领域鲜为人知。他还提供了法庭案件记录和当地媒体发布有关具体案件的文章。另一位参与者分享了本国具体民事军事相关问题的简报和意见。还有一位女士提供了她早些时候发表的文章和工作论文，这些文章和工作论文没有出现在被认可的期刊上。如果她没有发给我，我就无法接触到它们。电子邮件访问几乎是事后才想到的，结果证明它具有巨大的价值。

写作并知道何时停止

博士生的经历可以证明研究道路上的各种障碍。一旦被征服，这些障碍就会转化为成功道路上的里程碑，例如：选择主题；细化主题；提交研究计划并得到接受。我仍然觉得，对于任何走上研究道路的学生/候选人而言，无论是哪个学位，都是具有挑战性的。其他令人难以忘怀的挑战包括：系统阅读和总结；写作阶段；处理从研究参与者、同行评议员、研究负责人和同学那里收到的反馈信息。最后的挑战是痛苦的校对和编辑过程，并确保制作一个全面的数据来源清单。【60】

在我的案例中，第一位研究负责人的反馈并不及时，我确实收到了几次反馈意见，但都是非常粗略的和笼统的。研究负责人的方法是进行简单的暗示："你走在正确的轨道上；继续吧，我们稍后再讨论。"关于研究内容，共同主管的反馈非常及时且最有帮助——事实上非常专业。更换一名研究负责人带来了不小的障碍，事实上，这可能是一次相当令人不安的经历。这个过程涉及人事、情绪和官僚挑战。它会使人变得衰弱，并影响动力和士气。对我而言，的确如此，但在投入了所有精力之后，我不想放弃这项研究。随着第一位研究负责人被替换后，情况变得好起来。终于，有进展了！

另一个挑战与我自己的性格和个人风格有关。一个人的兴趣范围越广，就越容易偏离方向。侧边追踪有时会有收获，而且总是很有趣的。然而，驶入旁道会占用宝贵的时间和精力，而且通常不会对特定研究的进展做出贡献。相反，它们会造成不必要的延误。我不得不努力工作，避开那些有趣但不太实用的阅读材料。做个记录，留作以后使用，然后继续！

如果上述情况适用于参考资料，那么另一个重要的事实则与写作过程有关：知道何时停止。对我们中的许多人来说，中断和走开是困难的。但在某个时刻，我们必须这样做。在质性研究和自我民族志中，我们指的是饱和点。这意味着，在某个阶段，研究者发现获得的信息是重复的，没有贡献任何新的见解。当你达到这个阶段时，怀疑可能会挥之不去，但请相信你的直觉。是时候完成这个特定的项目了。以后，您总是可以将其作为单独的或新的项目，重新捡起来的！

准备结束（reaching closure）是这类研究的另一个方面。你与研究参与者、背景、氛围和情绪——包括你自己的情感和反思——以及你的书面文本密切相关。在这里，人们也必须被留在后面。你不能永远带着研究或参与者。为了结束，请以同情、尊重和关怀的态度对待研究参与者，但必须结束。结束关系是自我民族志体验的一部分，也是生活的一部分，就像医生或心理学家必须在某个阶段与患者或客户保持距离一样。

审查试验、不足和经验教训

早些时候，我提到了一个事实，即我们在自我民族志中不使用诸如三角测量和验证性等术语。然而，我们确实使用了信度（reliability）等术语——您是否在整个流程中遵循了为您提供最可靠数据的方式和方法？我们指的是可转移性。有人能跟着你的步骤，做类似的研究吗？

你是否向读者和未来的研究者通报了研究的不足之处？你是否与他们

分享了一些潜在的或真实的陷阱？此外，你是否与他们分享了自己的错误，以作为未来的教训吗？在这里，对你的研究成果的反思变得很重要。

研究叙事的反思与反思性

质性研究者以及那些采用自我民族志方法的研究者，都非常清楚反思在其中发挥了作用（Ellisand Bochner, 1996, 2000; Becker 1998; De Marrais, 1998; Ezzy, 1998; Meneley and Young, 2005; Crang and Cook, 2007; Gingras, 2007）。批判性反思不仅仅指自我反思和仔细检查数据与自己。它还涉及对研究领域至关重要的同行评议员，以及参与者尽可能多的反馈。

主体性和反身性在自我民族志中发挥着作用。自反性是研究者承认自己的经验和背景如何在调查过程与结果中相互作用的能力（Etherington, 2006: 31-32）。对自我民族志的批评指出，该方法可能存在潜在偏见、自我放纵、唯我主义和（或）自恋倾向的可能性。作为反身研究者，我们需要认识到自我民族志中的这种道德困境。在研究过程中，我意识到自己的潜在偏见，并选择通过与经历过或有类似经历的人一起反思和分享我的想法来解决这一问题。

反思是指"社会研究者关于他们的方法、价值观、偏见、决定，以及仅仅存在于他们调查中的情境对社会世界知识的影响的反思"（Bryman, 2004: 543）。容纳批判性见解，接受同事、朋友和选定参与者在许多情况下的深刻批评，以反思我的工作，使这项研究受益匪浅；反思增加了研究的价值。

反身研究者还意识到主体性本身并不是目的，研究者是一个过滤器、一个启发式工具（Etherington, 2006: 125）。他/她意识到研究过程中的意图和选择涉及他人的存在（和成为他人）。与读者分享这一点，提供了一个衡量透明度的标准。已故的唐娜·温斯洛（Donna Winslow）的声明中对此有一些见解（Moelker, 2010: 6）："（这是）关于成为一个人。"温斯洛的观点不仅适用于研究者，也适用于研究的参与者。

人类故事或叙事构成了人类生活和历史的内在组成部分（Burnier, 2006）。我采用了自我民族志风格，讲述了SATRC的故事，并选择了其他

【62】 "真相与和解委员会"类型的案例，以及向民主过渡的目的是在军队中建立民事控制，正如我在研究之前和研究期间讲述的个人经历一样。

参与和人类机构涉及物质与实践。我选择的研究旨在通过 SATRC 这个案例研究，启发一个特定的研究领域，即 CMR 和安全机构的民事监督，目标是维持南非的人权文化和扩大或深化民主。研究过程涉及了更广泛的案例，吸引了其他具有相似但又不同背景的人。

最后，我成功地通过自我民族志回答了一个相当具有技术性的研究问题：包括 SATRC 在内的真相与和解委员会可能有助于建立更加牢固和健康的军民关系，并使军队的民事控制实现制度化。然而，这并不是既定的，而是取决于整个研究过程的规划和管理。更重要的是，从一开始，就必须设想建立民事控制的目标，并将其纳入过渡进程。即便如此，真相与和解委员会的贡献也可能无法保证未来军民关系的稳定，因为在新的民主政体或已经建立起来的民主政体中，回归独裁统治的可能性仍然存在。

我分享了其他人在特定环境和情感上的经历。我可以借鉴和分享跨越政治和文化边界的独特经验。这项工作不仅分享了人生的一个片段，还分享了很多人生的很多片段。最终的产品分享了处理其他社会类似经验的见解：不是来自硬建模或定量方法的步骤，而是通过他人的经验而获得的关于失败的政治行动的集体智慧和见解。

在军事用语中，我们经常谈论"经验教训"。在个人层面上，我学到的教训是：不要让挫折永远困扰着你。如有必要，重新评估、重新分组、重新规划，但要继续前进。认真对待同行和同事的批评。向他们学习，但也不要让自己过于沉溺于合理的批评中，以至于你没办法拿起破旧的工具继续工作。

我相信我所做的研究是可信的与可转移的（在当代的质性研究中，用于有效和可重复的词是可信的与可转移的）。由于显而易见的原因，质性研究不能一概而论。如果它是可信的与可转移的，这项研究可能会为另一种情况下的研究提供运用类似方法的线索。它可能在该领域的未来研究中具有一定的潜力，并为积极影响未来的政策提供了初步的指导。我认为，所提供的指导可能对其他处于类似情况的社会有价值。也许应该补充一点，得出的答案可能是暂时的，但探索的轨迹本身就让它成为一次有价值的经验。

在计划和实施这项研究时，实际考虑发挥了作用，在某些情况下，我作为作者也发挥了作用。研究也可以分阶段进行。毕竟，研究者只是更大的社会过程中的一个工具。这样的研究可以丰富、提出新的视角、邀请他人进入现实生活体验，甚至为未来提供指导。从某种意义上说，人们可能会发现，你不仅是在处理知识和经验，而且可能会成为增加社会和未来价值的过程的一部分。 【63】

最后，虽然质性研究肯定是来之不易的知识，但它是包含参与要素的知识，可以改善社会。如果项目的预期成果之一是一本书、一篇学位论文或一篇文章，那么作者应该采取的行动就是跟进并及时总结。在撰写博士学位论文的过程中，我可能考虑了太多的旁道，从而推迟了研究的完成。

结　　论

在任何一项研究中，研究者都会经历对研究参与者、进度、截止日期以及自己个人能力感到紧张和焦虑。这种经历并非独一无二。重要的是你如何管理它。我试着（并成功地相信）遵守一条古老的空手道格言：Omuyari——关爱彼此。另一种解决方法是参与者、他们的经历、他们的社会、叙事以及试图与他人一起提供见解，分享数据和一些建议，以防止今后出现类似的侵犯人权行为。我们必须相信，在我们自己的社会中以及其他处于类似困境或后独裁现实的社会中，会有人从安全部队的民事监督的角度，学习并分享这些知识，以改善社会。

切断联系和离开现场是很困难的。在反思已完成的工作时，研究者常常觉得自己应该做得更多。"更多"，我决定离开去做未来的研究……

附录　研究的构成要素

构成要素 1 ——背景：背景构成了许多维度。社会调查等定量方法很少能充分分享现实生活的一部分，以及它的多个维度和多种体验。定量研究缺乏对现实生活过程和互动的沉浸感。通过研究者沉浸在人类数据中，某些联系减少了，但体验是真实的，他/她至少通过观察、参与者观察、访谈和分享经验等质性研究技术来体验和分享了生活的一部分。

【64】　　构成要素2——方法：每一项研究都有其独特的特点，这是由组织特征以及个人在社会或他们所生活的机构中的个性和角色所决定的。案例研究得益于对地点和居民的广泛了解，最好是那些曾置身于环境并在其中有所经历的人，而不是那些带着预先确定的理论思维来到这里的人。互动的层次，即横向、纵向、协作（和分隔）在这里是相关的。方法不是僵化的、一成不变的。方法论在自己的轨道上发展。这同样适用于自我民族志的研究设计。新的元素出现了，有些融合了；其他的留在了后面（Trafford and Leshem, 2008: 90, 93, 101ff.; Mouton, 2009: 143ff.）。

　　构成要素3——文献和人物：质性研究是关于走出去和通行仪式（rites of passage）（顺便说一下，通行权，进入他人世界的许可也是相关的）。然而，这也是一次或多次阅读相关出版物中的文献的旅程。文献是沉浸于数据中的一种重要的仪式。

　　"文献综述是对与您的研究主题相关的文本的描述、批判性分析和评估，包括当前文本和开创性文本"（Mouton, 2009）。因此，研究者在文献综述的基础上，为自己的研究提出论点（Daymon and Holloway, 2002: 35）。文献提供了建筑材料。文献可以塑造读者。同样，经验和社会互动也塑造了人们和参与研究的人。通过追踪文献，在保持自己对研究参与者的经验和见解开放的同时，我逐步走进了人类的社会叙事和人们的生活体验。

　　文献综述、设计和方法的选择、随后的实地调查以及数据收集、分析、反思和报告结果是传统研究的重要组成部分（Manheim and Rich, 1981; Platt, 1992: 21, 24ff., 29; Bouma, 1996）。在自我民族志中，文献综述不应预先确定路线。人类研究是复杂的，有偏见的阅读不应该支配一个人的研究。

　　构成要素4——案例研究：虽然有各种具体的研究目的和研究问题，但案例研究的总体目标是对个案形成全面了解。在这项研究中，我选择了SATRC和与DRP的接口，作为我的重点。我不仅依靠学术文献，还依靠其他文献（即档案资料、漫画、宣传册、信件、笔记、视频、DVD、艺术作品或日记摘录或报纸评论摘录），以及与个案中的人员的互动。

案例研究的好处之一是它能够在社会过程的发展和展开时，探索这个 【65】社会过程。当有必要了解环境中的社会过程时，案例研究证明是有用的，并且它们特别适合于探索感知到的新过程或新活动。

构成要素5——广泛案例（从更广泛的角度或更广泛的情况来看）： 通常，一个案例引发另一个案例。或者，一个案例研究可能不足以回答你的一些热门问题（Yin, 1981: 60ff.）。综合性的案例研究可能有助于跨国比较研究。在这里，理解概念的含义、概念之间的关系、具体行为的含义以及行为的关联方式是有益的。此时，更广泛的范围变得很有用。考虑到社会历史比较的有用性，我选择了案例研究。这一假设使我能够在不同的时间、不同的背景下，以可比的程度，但在不同的主观环境下处理TRC，将其与人们的经验联系起来。然后，一个案例会引发其他案例。

我之所以在这项研究中加入比较元素，或者质性研究者称之为"更广泛的案例"，是有原因的。案例研究在不同层面上与自我民族志相关，即一个人、一群人或特定的背景或环境（Yin, 1981: 58, 61ff.; Platt, 1992: 21ff.; Hartley, 1994: 208, 211, 213ff.; Lincoln and Guba, 2002: 205; Stake, 2002: 435, 437-438）。

只关注一个群体或国家是有局限性的。如果研究者希望提高解释能力，那么"一种方式是采取比较方法"（Manheim and Rich, 1981: 230）。比较元素产生了重要的见解，与从业者和非专业人士的持续互动经常提供超越单个案例的见解。

构成要素6——个人发挥作用： 研究者作为个体和研究工具之一，发挥作用。对一个或多个案例的研究，不能脱离其过程或发现。个人也不能在社会过程中与其他代理人或他们的环境、选择和经历相分离。通过存在，质性研究者（与他人互动）成为过程的一部分，是更广泛的案例。

有了这最后一点，研究包括的所有事情就走到了一起。在不断发展的环境中，研究设计、构成要素、相关概念和代理机构（agency）等相互匹配。这种流动性使得质性研究，特别是自我民族志，既具有挑战性，又令人满意。

参考文献：

Becker, H. S. (1998) *Tricks of the Trade: How to Think About Your Research While You're Doing It*, Chicago: University of Chicago Press.

【66】 Bouma, G. D. (1996) *The Research Process*, third edition, Oxford: Oxford University Press.

Bronkhorst, D. (1995) *Truth and Reconciliation: Obstacles and Opportunities for Human Rights*, Amsterdam: Amnesty International.

Bryman, A. (2004) *Social Research Methods*, second edition, Oxford: Oxford University Press.

Burnier, D. (2006) "Encounters with the Self in Social Science Research: A Political Scientist Looks at Autoethnography," *Journal of Contemporary Ethnography* 35(4): 410–418.

Crang, M. and Cook, I. (2007) *Doing Ethnographies*, New Delhi: Sage.

Czarniawska, B. (2004) *Narratives in Social Science Research*, New Delhi: Sage.

Daymon, C. and Holloway, I. (2002) *Qualitative Research and Marketing Communications*, London: Routledge.

De Marrais, K. B. (ed.) (1998) *Inside Stories: Qualitative Research Reflections*, London: Lawrence Erlbaum.

Denzin, N. K. (2006) "Analytic Auto-ethnography or Déjà Vu All Over Again," *Journal of Contemporary Ethnography* 35(4): 419–428.

Ellis, C. and Bochner, A. P. (eds.) (1996) *Composing Ethnography: Alternative Forms of Qualitative Writing*, New Delhi: Altamira Press.

Ellis, C. and Bochner, A. P. (2000) "Auto Ethnography, Personal Narrative, Reflexivity: Researcher as Subject," in N. K. Denzin and S. Lincoln (eds.) *Handbook of Qualitative Research*, London: Sage.

Etherington, K. (2006) *Becoming a Reflexive Researcher: Using our Selves in Research*, London: Jessica Kingsley.

Ezzy, D. (1998) "Theorizing Narrative Identity: Symbolic Interactionism and

Hermeneutics, " *The Sociological Quarterly* 39(2): 239-253.

Ferreira, R. (2011) "The Interdisciplinary Nature of Military Studies: A Sociological Perspective and South African Application, " Professorial Inaugural Lecture, University of South Africa(Unisa), Pretoria, 26 July.

Garrat, D. (2003) *My Qualitative Dissertation Journey: Researching Against the Rules*, Cresskill: Hampton Press.

Gingras, J. (2007) "This Could Be: The Possibility of Autoethnographic Fiction, " *International Congress Qualitative Enquiry*, Working Paper 3, Canada.

Guillemin, M. and Gillam, L. (2004) "Ethics, Reflexivity, and ' Ethically Important Moments' , " *Qualitative Inquiry* 10(2): 261-280.

Hanna, T. (1970) *Bodies in Revolt: A Primer in Somatic Thinking*, New York: Delta.

Hartley, J. F. (1994) "Case Studies in Organizational Research, " in C. Cassell and G. Symon (eds.) *Qualitative Methods in Organizational Research: A Practical Analysis*, Thousand Oaks, CA: Sage.

Hayner, P. B. (1994) "Fifteen Truth Commissions, 1974 – 1994: A Comparative Study, " *Human Rights Quarterly* 16: 597-655.

Higate, P. and Camron, A. (2006) "Reflexivity and Researching the Military, " *Armed Forces & Society* 32(2): 219-233.

Liebenberg, I. (2008) *Truth and Reconciliation Processes and Civil – Military Relations: A Qualitative Exploration*, unpublished DLitt et Phil dissertation, Pretoria: University of South Africa(Unisa).

Lincoln, Y. S. and Guba, E. G. (2002) "Judging the Quality of Case Study Reports, " in M. Huberman and M. B. Miles (eds.) *The Qualitative Researcher' s Companion*, New Delhi: Sage.

Luijpen, W. (1980) *Inleiding tot de Existentiële Fenomenologie*, Utrecht: Uitgeverij 【67】 Het Spectrum.

Manheim, J. B. and Rich, R. C. (1981) *Empirical Political Analysis: Research Methods in Political Science*, Englewood Cliffs, NJ: Prentice-Hall.

Meehan, E. J. (1988) *The Thinking Game: A Guide to Effective Study*, Chatham: Chatham House.

Meneley, A. and Young, D. J. (eds.) (2005) *Auto-Ethnographies: The Anthropology of Academic Practices*, Ontario: Broadview Press.

Mills, C. W. (1972) "The Sociological Imagination: The Promise, " in M. L. Medley and J. E. Conyers(eds.) *Sociology for the Seventies: A Contemporary Perspective*, Sydney: Wiley.

Moelker, R. (2010) Magical Dragonfly: In Memory of Donna Winslow, *ISA: Research Committee 01. Newsletter*, Accessed from www. ucm. es/info/isa.

Mouton(2009) *How to Succeed in your Master's and Doctoral Studies*, Pretoria: Van Schaik Publishers.

Peperzak, A. (1977) *Vrijheid: Wijsgerige Antropologie*, Baarn: Basisboeken.

Platt, J. (1992) "Cases of Cases ⋯ of Cases, " in C. C. Ragin and H. S. Becker(eds.) What is a Case? *Exploring the Foundations of Social Inquiry*, Cambridge: Cambridge University Press.

Plummer, K. (2001) *Documents of Life2: An Introduction to a Critical Humanism*, Thousand Oaks, CA: Sage.

Potter, W. J. (1996) *An Analysis of Thinking and Research about Qualitative Methods*, New Jersey: Lawrence Erlbaum.

Preston-Whyte, E. (1990) "Research Ethics in Social Sciences, " in J. Mouton and D. Joubert (eds.) *Knowledge and Method in the Human Sciences*, Pretoria: Human Sciences Research Council.

Schwandt, T. A. (2001) *Dictionary of Qualitative Inquiry*, second edition, Thousand Oaks, CA: Sage.

Sparkes, A. C. (2002) *Telling Tales in Sport and Physical Activity: A Qualitative Journey*, Leeds: Human Kinetics.

Stake, R. E. (2000) "Case Study, " in N. K. Denzin and Y. S. Lincoln (eds.) *Handbook of Qualitative Research*, second edition, Thousand Oaks, CA: Sage.

Trafford, V. and Leshem, S. (2008) *Stepping Stones to Achieve Your Doctorate*, Berkshire: Mc-Graw Hill.

Yin, R. K. (1981) "The Case Study Crisis: Some Answers, " *Administrative Science Quarterly* 26: 58-65.

5 指挥链对人类学研究的副作用：
巴西军队

皮耶罗·C. 莱纳

引 言

本章[1]将分析人类学家和军方之间的控制关系，以及它们对民族志创 作的一些影响。尽管从原则上讲，这些关系可以通过它们两种可能的方案——军事的人类学（"属于"军事机构）和军事人类学（与军事相关的）[2]——的运作来进行讨论，但这里的想法是要证明，在军队和人类学家之间，控制关系的建立是如何遵循一个既定的主要方向的。这种控制关系的建立，可以是直接的（当人类学家为军队工作时）；也可以是间接的，当人类学家试图观察士兵[3]并接受其民族志的"副作用"时。

讨论从我自己在实地工作中所做的观察开始。1992 年至 1997 年，我进行了系统的观察。2001 年至 2010 年，观察变少。但因为我学生所做的研究，某种程度上要求我"重新进入"实地工作。通过这些经验，我的主要目的是描述人类学家和军官之间"直接接触"的影响，这是由军队的民族志研究产生的。

尽管这一章主要是民族志性，但它也与人类学家和人类学观念的近期的学术争论、直接和规范的参与有关，如"文化""民族志"和"另类"是美国中东军事行动中最重要的三个术语（参见一群人类学家对美国人类学军事化的批评：网络，2009）。尽管人类学家和军事机构之间的关系并非新鲜事，但自 2006 年以来，美国的新闻报道捕捉到了一种新的人类学工作模式：在作战地区直接使用人类学的技术和知识。[4]推动该项目的理念是，人类学可以提高叛乱重点地区作战部队的效率；第一次试验是在阿富汗进行的，该计划的成功促使美国国务院推广该方案，提出今后每个营至少应该配备一名人类学家。这种情况（至少）引起了对与军方一起开展研究的局限性的思考。

我们从何处开始思考关于国家代理人的民族志撰写问题呢，更具体地说是关于军队的民族志撰写问题？尽管这一领域最近有所发展，但它的发展规模仍然相对较小，因此还没有一个"安全协议"，以便在一开始时指导研究者进行民族志投资。尽管，在大多数情况下，人类学家观察社会的"隐性规则"，这类对象的问题之一是，这些群体（尤其是军队）从一开始就有明确的规则和协议，这些规则和协议既是他们"自己"行为的参数，也是"他人行为"的参数。相反，并不是说其他的个人、群体和社会没有这些，而是在这种情况下，"文化冲击"（Wagner, 1981: 6-13）[5] 不是通过"人类学家自己的文化"中的元素进行的。这些关于"基本形式或类别"的行为、礼仪、分类和规划的协议，在定义这些群体存在的手册中有明确的规定。一切都是这样实施的，就好像人类学家通常在本地人中含蓄寻找的东西，是明确可得的；或者更确切地说，这种实践是在理论上给定的。因此，我们发现自己被迫"以民族志的方式发明"一些在其他现实中显而易见、在这种情况下却不存在的元素。

本章将具体探讨其中一个元素，即人类学家和军方之间信息传递的倒置，具体问题是：谁质疑谁？信息提供者是谁？这将导致相对于其他"传统"的民族志（因为目前缺乏更好的术语），我们与军事有关的民族志实践中会出现一系列颠倒。如果我们习惯的参数是在"人类学家—对象—人类学家"的意义上给出的，那么在这里，我们面临的是一种更像是"对象—人类学家—对象"的情况，同时在试图将其转换为"人类学家—（对象—人类学家—对象）—人类学家"。这是一个人类学家经常提出的通过实践问题来思考理论要素的作用的问题。

在继续之前，有必要指出，巴西军方非常关注学术界，迟早会有人提出将人类学纳入战争领域的绝妙想法，而这在美国已经有了大规模的实践（Price, 1998, 2000）。在后一种情况下，军队通过采用人类学家的服务来扩大其控制范围，要么培养自己的人类学家（即向学院派遣特工），要么将人类学家转变为士兵（也就是说，通过将平民人类学家转变为军事人类学家的转换机制，将毕业的人类学家吸纳进部队）。这是一个新的关系领域，【70】远远超出了平民与军队合作的范围；现在的问题是按照军队的方式去工作（Price, 2002; Gonzáles, 2007）。无论是发生哪种情况，这种新鲜事都没那么可怕，因为我相信，那些与军方一起进行民族志研究或是进行军事民族志研究的人，也在某种程度上被鼓动为军方做民族志研究。至少，这是我自己的情况。

在进入我的具体案例之前，需要指出一些现象。有趣的是，军队吸收学者将人类学家的"发明的文化"（用瓦格纳的话说，Wagner，1981）转化为战争侦察，这并非总是肉眼可见的，而总是以非常微妙的方式建立起来的。虽然这在帝国或民族国家的人类学中是常见的情况，但在这门学科中谈论这一点需要很长时间。我们当然不能说，这场合作运动是由人类学恶意支持的。在某种程度上，国家机器的扩展远远超出了人类学家的组织能力。人们甚至可以说，有时合作是通过关系的"扭曲"手段进行的，例如中介机构、虚假基金会和资金来源等显然与武装部队无关的手段。

此处讲述的案例是实地调查期间经历的十字交叉路口的结果。需要指出的一点是，从研究一开始，军方就一直试图说服我与他们"合作或为他们工作"。另一点需要指出的是，"军方"不喜欢被当作"研究"的对象。尽管研究者和研究对象从未达到关系敌对的程度，但现场中总有一种"照顾试图理解我们的美洲印第安人"的奇怪情绪。

这个案例始于1992年，但这个故事一直持续到今天。本章将试图展示某些民族志的"副作用"恰好揭示了军队如何运作社会生活，以及其投射到"战场或战争系统"上的方式。最重要的是，它与这样一种观点有关，即军方试图对人类学家进行绝对控制，其结果是导致一种"文化冲击"，从而产生了一种不同寻常的民族志结果。在某种程度上，军事生活制定的一系列日常生活规范，对研究产生了影响，也对研究者产生了影响。

指挥链：初步诊断

我第一次与军方接触[6]是在 1992 年，当时是由我的硕士导师组织的。我来到了位于里约热内卢的陆军司令部和参谋部联合学校（陆军指挥参谋学校，ECEME），带着一个笔记本和一个"项目"——这是一份意向书，我【71】在其中及时总结了一个研究计划，最重要的是，该计划请求将我派遣到亚马孙河边境排，可能就在圣加布里埃尔-达卡绍埃拉镇附近（亚马孙州），为期至少六个月。我的第一次接触是由互惠关系驱动的——我提交了项目、电话号码、地址，作为回报，我得到了一本教科书[7]，我将"学习并提交总结"：正如一位官员告诉我的那样，"这就是我们在这里做的"。

这已经成为两年多以来的惯例。在间歇的时间里，我每天都在同一地点参加活动，看到获得许可离开和研究边境排的可能性越来越小。在不同的时刻，我意识到有一个潜意识的信息，"大学生的位置"就在那里——从所有方面来看，军事世界与平民大学最为相似。除此之外，人们还认为（在某种程度上）我可以接近"一个士兵的想法"，虽然我当时没有意识到这一点，但它似乎对我产生了预期的影响，因为在那里的某个时刻，我越来越坚持离开大学，加入军队。当时，我大约 25 岁，参军仍然是可能的；有时我能感觉到官员们对我的拒绝感到沮丧，这可以理解为"我在这里的角色更重要"——这句话实际上复制了以前听到的各种说法，声称我可以"在加强承担建设巴西项目的机构之间的联系方面发挥根本作用"。

军队和我之间的关系是通过他们试图系统建立一种加强与他们所理解的"大学"的联系的政策来阐述的。请注意，我自己的机构是以单数形式出现的，这一事实在当时被我解释为对他们自己组织的反向理解；也就是说，作为武装部队的一种"派萨诺"（士兵用来定义平民的贬义术语和类别，参见 Castro, 1990）复制品，据说它保护着两个主要的对称属性——等级和纪律（Leirner, 1997）。我明白，在那一刻，我正进入一个灰色地带，这是研究者和当地人之间关系的典型阶段——包括"文化冲击"、寒暄交流、相互理解的尝试、有助于处理他们和我之间的关联的安排的象征性稳定，最后，是这种学习过程的控制以及它作为"文化"的客观化：一种受控文化

"对象"的发明（Wagner, 1981: 44 ff.）——这让我能够用民族志的术语重新审视这一领域所经历的关系。

当时，我并没有想到军队会像民族志学者一样"发明"一种文化（同上），所有这些事件都可以被视为"民族志事实"。我以为这是一个初步阶段，除了需要继续利用这一政策作为获得实地调查最终授权的手段外，我很少考虑"加强联系"的概念。他们所谓的"联盟""关系"和"政策"对我来说肯定不是同一个概念，在最好的情况下，这些概念是充满了一系列常识的概念，或者是来自政治学、社会学的思想，甚至是距离这个"对象"非常遥远的人类学的概念。 【72】

但是，如果这些概念在军事思想中遭受某种"创造性扭曲"或"发明"，我在这里的作用是重新分析这些概念，并从另一个角度追溯它们。因此，在本章中，除了迫切的实地调查要求外，我可以重新考虑军队和"大学"之间的"政治"和"联盟"概念的含义。一方面，这些概念应该包含在战争语法中，这是其存在的原因；另一方面，它们近似于一种战争语言，这在更广泛的人类学文献中很常见：因此，这些关系可以被视为反映了永久的紧张关系，例如，支配着姻亲之间的不稳定联盟，这种联盟通过"安抚"交换[8]得以延续。非常奇怪的是，一位退休将军（也是前部长）曾经这样评论过："那么，你在大学里过得怎么样？还是一群共产主义者？"这听起来好像是出自一个很久没见面的人，因此他用了一些亲切而可疑的话。借用福斯托（Fausto, 2001）的观点，"忠实的敌人"。

如果这些概念确实被战争所引用，那么"大学"作为一种等级森严、纪律严明的镜像的看法，就变得清晰了。大学将被视为军队；知识作为纪律；科学作为战略；人类学是间谍活动；民族志学家（在攻击中）是一个双重代理人，也就是说，既是思想的告密者，又是思想的传播者。因此，政治也可以被视为"战争通过其他方式的延续"，正如福柯（Foucault, 1999）在其对克劳塞维茨名言的反驳中指出过的那样。[9]这是一个认真对待"我们身处战争之中"这一观点的问题：在这里，战争不再是通过战争或"某一场战争"来思考的一种现象，无论是胜利还是失败。按照当地人的理解，战争每时每刻都是一种潜在的状态，只是目前处于被遏制的状态：正如军官们经常坚持的那样，"如果你没有察觉到战争，那是因为我们正在威慑敌人"。

这不仅仅是简单地再现本地论点。在寻找可以概括这一论点的概念时，我们发现，战争不能被理解为一个具体的事实，而应该被视为一种关系，这是我们在人类学中更习惯的一点；战争是一种相互敌对的社会关系。最后，这种本土概念不可能不影响我自己的概念，因此，我们可以尝试识别一些概念，例如"联盟"或"交换"。在人类学文献中，这些概念已经被视为战争模式或者至少与其相关（Lévi-Strauss, 1976［1942］; Clastres,

【73】 1980; Fausto, 2001）。在该领域，"联盟"是"加强联系"议程中的一项任务；机构之间的"交流"，民族志学者和研究对象的"交换"，被等级制度和纪律所包围——指挥链的效果。这些关系，由战争笼罩的军事惯例所指引，不知何故也转移到了民族志学家身上。在这种情况下，民族志成为战争的逻辑延伸—— 一种关系，一种军事风格。

这不仅仅是指在最初几次接触中发生的事件：纪律（和惩罚）。这些活动甚至发生在今天，我指导的学生决定研究这个主题。民族志学者从进入军事单位的那一刻起就被研究；他们知道"他是谁"，知道他在那里的方式和原因；有人在等他；有人把他带到指定接见他的人那里；那个人会说：这个或那个让你感兴趣，这就是你将要做的。"这是可以被预见的。"今天我注意到，这是这些当地人经常说的"士兵前瞻性思考"，他必须预料到意外。的确，从文化角度来看，预见意外事件并不是士兵的特权。正如萨林斯所说，夏威夷人做到了，许多其他人也做到了（Sahlins, 1990, 2008）。但很少有人把它作为一种有意识的练习，用来在行动中改变文化类别。

作为一个陌生人，民族志学者必须接受审查。这是如何开始的？在第一次接触中，第一步是要获得一封民族志学家所属机构的官方信函，这封信函要经过上级主管、负责人、院系和大学之手。但这可能还不够。提出请求是为了让民族志研究者的直接上级——主管、部门或单位负责人——以某种方式表明他们自己参与了这一过程。这是等级制度对民族志学者承诺的第一个标志，即"大学的指挥链"（从他们如何理解大学的层级结构的角度来看，好像它有一个指挥链）可以在出现某些问题时被调用。如果民族志学者变更了他想研究的军事单位，所有这些步骤都必须重复：再次提交一份由大学盖章的新意向书。如果民族志学者发生变化，即使是在同一

个军事单位内，这一步骤也是必要的，而且更多；如果同一民族志学者希
望在一段时间后再次研究同一个单位，则必须再次重复这一步骤。

　　这一过程也是指挥链的影响。尽管军事等级的常识性理解暗示了一个
"分层金字塔"，但实际发生的是一个更为详细和复杂的系统的组成部分：
每个人都出现在链条的一个单独位置，两个人永远不会处于同一位置，总
有人指挥，总有人在"之前"和"之后"立即服从。当指挥链"移动"时——
例如，在晋升期间——个人通过改变职级或职位而一起移动（Leirner,
1997）。因此，这一变动对民族志者的影响是从零开始重建关系，因为当
指挥链被重新制作时，民族志者也在他试图接近的特定部分的先前维度中
"停止存在"。值得注意的是，我自己曾在各种场合都亲身经历过这种情
况，我的学生也经历过这种情况（他们在一个无休止的、令人不安的循环
中通过了我的准入申请：再一次，"副作用"出现了）。 【74】

　　这种情况表明个人与集体之间存在着一种特殊的关系，这在社会学和
人类学文献中基本上是未经研究的。每件事的运作好像是集体决定只是包
含了个人[10]，但是值得注意的是，这种等级制本身如此专业化，以至于它
可以独自地进行自我复制，因此表现为"个人主义等级制度"（ individualist
hierarchy）。对民族志学家的影响之一是，他被视为其机构的"代表"，而后
者也必须经过其自己的"指挥链"的批准。

　　战场上反复听到的最不寻常的事情之一是，"某人是军队的朋友还是
敌人""某某人是军队的朋友"，或者"那个曾经是朋友，但后来成了军队的
敌人"。起初我以为这只是一个表达，但过了一段时间，我发现作为一个
本土类别，二元的朋友/敌人绝对是核心。它的重要性首先基于它能够表
达的维度数量：国家、军队、指挥官、政治家和简单的民族志学家可以是
军队的朋友，也可以是军队的敌人。在某种程度上，这种难以区分的尺度
可以被理解为指挥链的主要影响之一，它能够将民族志学者作为外国军队
的一部分。但最重要的是，它所揭示的"朋友/敌人"类别在指挥链中是重
叠的；也就是说，它可以被视为"以其他方式延长战争"。这里需要一些民
族志信息，以便理解这一命题的广泛性质。

　　对日常军事活动的观察可能引发一些问题，比如"一个人坐在餐桌旁
的方式与如何作战有什么关系？"这种类型的问题让我们回到了前瞻性的概

念，以及军事生活的法典化；从这样的视角看待新兵，日常生活中的哪些方面标志着他们的社会化？塞尔索·卡斯特罗（Castro, 1990）对阿古拉斯-内格拉斯军事学院进行了民族志研究，该研究表明从他在寄宿学校四年的第一刻开始，新兵就要接受一系列的军事仪式、体能训练和不断重复的记忆练习，其功能似乎是对军事原则的"自然化"灌输或"记忆"。[1] 这些机制

【75】 似乎有双重目的：（a）刺激学员不断放弃，以使那些坚持下去的学员接受这样一种观念，即军事生活对他们而言是"天职"；（b）塑造一个新的人，其新身份通过属于"内部世界"的概念得到认可。

这种认识是通过不断更新与等级相关的现实原则（Leirner, 1997）和明显的整体特征（Dumont, 1992）来实现的。这一点在当地人遵守纪律的过程中得到了具体体现。不同于"我们"（对他们来说是 paisanos，主要是来自大学的"我们"，军官们的主要比较对象），随着经历的各种纪律成为我们生活的一部分，士兵将整个规质性制度浓缩为"军事资本"的一个独特来源，被称为纪律。因此，如果我们的礼仪可以与"知识学科"分开（我可以是一个举止怪异的杰出人类学家，也可以是平庸但有教养的人），但是，军人的礼仪与军事纪律是无法分离的。军事法规对战斗队形、阅兵式和如何进入电梯的规定是同样严格的。

在营房中，一切都经过制度的规定，从坐在桌子旁到走在走廊里，或者是说话，问候同事，参加葬礼，写备忘录，到进入车辆和战斗。必须遵守由指挥链确定发出的命令和规则，这些命令和规则通过纪律和礼仪条例提供给军事人员。例如，在巴西军队中，坐在桌子旁必须遵守以下规则：第一位上级军官（让我们称他为"ego"）坐在中间，随后，其他人按照等级顺序坐在 ego 军官的左右两侧，直到所有的座位都被占满。在基本的步兵突击作战手册中，原则上，作战队形应遵循相同的规则，始终设定最大目标之一是保护指挥链。

作为一个反例，对指挥链断裂的设想在军队中产生了一种"乱伦恐惧"。在实地观察到的一个案例中，有一个故事讲述了一名军官与一个下属的关系，该下属位于这位军官"等级圈"之下好几个级别。这种关系的本地分类是"等级混乱"，它与一系列禁忌有关，被认为是军事生活中可能发生的最可怕的恐怖事件之一。这个强有力的术语引发了一系列限制和规

则，这些限制和规则标志着联盟的游戏，使人认为指挥链是其中的一个方面。战争将其意义铭刻在指挥链上。毕竟，它是世界的秩序，"滥交"的概念可能起源于唤起一个一般的分类原则的意图，类似于"各就各位"，这显然包括民族志学家及其意图（Leirner，1997）。另一次，我很清楚地听到了一条信息："皮耶罗，热汤应该从边缘开始吃。"[12] 始终有必要关注一个人 【76】在指挥链条中所处的位置，并知道哪些交流是可能的，哪些是不可能的。

正如卡斯特罗（Castro，1990）观察到的那样，我们所谈论的现实清楚地表明，"我们"和"外部世界"之间存在着分离，这两个世界在一个等级体系中占据着不同的位置，其基础是战争。如果在我们自己的世界里——被认为是"科学的"，或者至少是一个价值观和文化是由人类学家"发明"的世界——对思想的记忆是其概念化的一种次要形式，在这种世界中，双重理解、悖论和对立范式的共存更有价值；在军事世界中，不断持续和重复的现实表明，术语和概念要求的是言语和行动的统一。显然，从我们的角度来看，这种阅读（和产生）现实的形式（和其他任何形式一样）也存在歧义；然而，对于军队而言，这是一个始终为统一愿景而汇聚的问题。[13] 因此，"注意！"意味着立即对应的身体姿态：行为的命令和完成之间的间隔，命令和服从之间的间隔被减少到最小（完全地，理想地）。[14] 因此，人们注意到，如果民族志学者想要继续研究军队，他或她必须表现出慢慢融入军队的倾向。事实上，所有不时出现在军队中的研究者都是如此。例如，有人告诉我，在这种情况下，热情的国际关系学院学生通过游行、以独特和近乎军事的方式唱国歌，来"军事化"自己。

这是试图"最小化"个人的平民特征的机制的效果之一，无论他是武装部队新兵还是想与士兵共同居住的人，都是为了达到所谓的"军事本质"，同时试图用一些东西填充这个空间[15]（因此，根据军方的说法，我们都是潜在的士兵，因为"只要人还是人，就会有战争"）。执行这一任务的社会工程首要的是建立仪式化的日常生活，完全以现实的重复秩序为标志。这可以追溯到时刻表和行为模式的图形化表示；自动识别的行动机制，如命令、身体姿势和礼仪；识别象征和符号，例如印在制服上的徽章和标志；最后，使用以用缩写词和本地术语编码的语言为特征的术语（Leirner，2008）。

例如，在民族志研究期间，在事件中产生的外部符号也被记录下来。从这个意义上说，民族志学者生活的法典化和仪式化是他或她已经进入当地生活的最大标志之一，表明他或她都是部落的一部分，无论是作为朋友还是敌人。回到这种关系的"副作用"，或者如法夫雷特-萨达（Favret-Saada, 2005）所说的"装模作样"，在民族志学家的转变中可以发现许多迹象：在我的例子中，偏执狂、迫害狂、被监视的持续感觉。我经常注意到电话交谈中的干扰，特别容易受到有关巴西北湖地下秘密基地、国际阴谋以及世界悬于一线的永久印象的影响。两年来，作为我田野调查活动的一部分，我试图通过详尽地阅读克劳塞维茨或孙子的著作来记住"战争艺术"的原则，以便我能够看到"生活就是战争和利益"，正如我被告知的那样。

【77】

奇怪的是，我的学生们也有自己的"装模作样"经历：在一个团里待了两个星期后，一个学生"带着一种以前从未有过的组织强迫症归来"，花了几个月的时间继续重复她在军队时被要求遵守的时间表。另一个学生，因开始尝试研究所涉及的程序而疲惫不堪，决定接受自己"被殴打"的事实：收到了许多要求"更多细节""更多解释""转介到另一个部门"的信件，他注意到这是一个无休止的循环。从许多方面来说，作为军事纪律的"平民镜像"，这个学生迷失在这个无限的时间性障碍中。在其他情况下，指挥链转移了，但没有人向研究者清楚地说明这一点，我观察到研究者在面对民族志"归零"遗弃感的记录时感到无能为力。最后，几年前，在与来自该领域的研究者（我们在巴西被正式称为"军事学家"）讨论时，卡斯特罗和我得出的结论是，在采取"派萨诺"（平民）立场时，收集的信息的质量确实存在明显的差异，这与做"研究者"非常不同。

我不想假设这些情况是纯粹的心理学问题；虽然它们发生在心理层面，但它们只能作为对民族志背景的挑衅而发生。因此，有必要了解这些移情、投射和装模作样是如何产生的，以及为什么产生，并将心理学数据转化为人类学数据。因此，本章的结尾将回到这样一个观点，即在与军方一起进行实地调查时发生的民族志交流类型，颠覆了民族志研究的明显的"传统"要素。

谁是线人？

　　当我们阅读专著中呈现的民族志学者与被研究群体成员之间建立关系的迹象时，人类学家通常会采取亲属、朋友、知己的立场，即便该群体预料到人类学家的工作包含着权力转移的复杂政治含义；要么是该群体根本不期望得到任何回报，要么是这一点被忽略了。[16] 不管怎样，很少有研究对象对了解民族志学者更感兴趣，而不是被他所了解。【78】

　　也许这个"细节"让一切变得不同。特别是在与现役军官或退休军官交谈时，信息的含义之间存在绝对差异。在实地调查的最初几年里，我不断地注意到，与现役线人交谈时，沉默和疏漏的时候远多于对话。另外，退休的线人总是声称"被允许"谈话，并把盒子装满了录音带。类似的，也很常见的是——如上所述，现役军官经常"忘记"我，这让我的研究不断"归零"。

　　这方面的一个很好的例子发生在 1995 年的一次军事单位访问中，当时我注意到，邀请我的那位军官看到我到达时，蹲下来，在一些家具后面快速离开，去了部队的停车场，然后他坐上一辆车，"出去了"。除了这种情况的可悲的一面外，鉴于他一天前坚持要我去访问，我只能得出这样的结论，这与几次目睹的重复要素相对应：未完成的邀请、"未通过"的命令和/或信息"失效"。当我收到邀请，到达该地点后，会听到"我不认为这是在这里，您需要前往……"这种事情发生在我和其他研究者身上。我的一名学生注意到，这一程序实际上是解决授权请求的一种常见形式：一封请求访问某个军事单位的信函，曾两次往返于圣卡洛斯—圣保罗—巴西利亚等地，在第三次尝试中"迷路"。

　　这些事件在"言语交流"中有不同的含义：现役士兵"接受而不回答"，退休人员"给予而不要求回报"[17]；但显然，这只是游戏中的一部分。毫无疑问，最有趣的因素是谁问谁答的关系错位。通常，我们称对话者为线人（informants）；在军事语言中，这意味着渗透到敌人防线内为自己"工作"的人。在许多情况下，我觉得自己扮演了这个角色：对我来说，经历这些争论是很平常的，这些争论围绕着我的意图、我的职业、我的研究机构、我们(机构、人类学家)对亚马孙河流域和美洲印第安人(如果我们是共产主义者)的看法以及我们对军队的看法。在很多情况下,我注意到审讯技巧的使用,同样的问题被间歇性地重复。信件、项目和研究意图也是如此:我和我的学生们不得不经历多次重写同一件事的过程,"更好地详述",给出更多细节,等等。如上所述,这常常伴随着任务和指示。当我写信发送我的研究成果时,我会收到带有注释的回复:"这是错误的,这是正确的",等等。

【79】

值得注意的是,巴西军队等军事机构试图控制几乎所有关于他们的文字或言论。巴西的每一个军事单位——我相信大多数军队都是这样(Leirner, 2001)——都有一个专门部门负责收集当地信息,包括"军队"和"军事"等术语出现的地点和时间。在巴西的案例中,是由"军事组织"(MOs)的第二部门(在任何军队中,通常都是 S2)执行的,该部门负责收集、组织、审查并向指挥链发送所有材料。正如卡斯特罗(在一次个人通信中)证明的那样,军方通常会阅读他的一本书的评论,该书由巴西司令部的工作人员准备。在这种情况下,重要的是指挥链已经捕获了信息,并且已经对其进行了内部处理。

就我自己的民族志而言,在经过一段时间的各种接触以及建立联系的尝试之后,我建议由一名知道如何满足我的需求的(现役)军官提供指导。两年来,他一直陪伴我进行实地工作,他还与一个下属团队一起出席了社会科学学术大会,这些下属认真记录他们在圆桌论坛和会议上听到的一切。后来我才知道,这个主题[18]就是所谓的 E-2,或者更确切地说,是由一名来自巴西的情报官员负责检测军队在社会科学领域的表现。一个有趣的细节是,他拥有巴西一所著名大学的社会学博士学位。军队以自己的方式训练他们的"文化发明家"(Wagner, 1981),用来发现其他"部落"——在本例中,是指人类学家和其他社会科学家。

我们将这一动向视为"他异性的管理(administration of alterity)"(Lima, 1995)更广泛的关系的一部分,尽管人类学家对军队的大部分"用途"在于学习他们的方法并(双重)转化他们,以便人类学家能与士兵一起工作或作为士兵工作,但应该记住,我们面对的是一个有着大量情境变量(contextual variables)的领域。在一系列情况下,我们可以成为军队的"朋友"或"敌人"，我们总是可以在这两个位置之间来回往返。的确，在许多情况下，我也经历过某些情况下的困惑，"人类学家自然应该是美洲印第安人的朋友，因此也是我们的敌人"；甚至是"我们是真正的美洲印第安人朋友，你可以成为我们的朋友"；或者更令人惊讶的是："作为一个本地人，这是个'玩笑'，我从没想过我会成为这样的人……"

因此，所有这些立场都是相关的以及和情境有关的。就像一个上校告诉我的那样，"美国曾经是我们的朋友，现在已经不是了"。作为研究者，我们可以是朋友，也可以不是。但正如在美国一样，从军事角度来看，人类学家——以及其他负责"国家项目"的人，就像我经常听到的那样——必【80】须以某种方式融入"加强联系"的逻辑中。当前的背景(9月11日后)是建立在战场伪装以及难以预见的武装部队离心的基础上的，这表明心理作战(psychological operations)是全世界各种战争机器的主要资源之一。我无意对军事民族志的"副作用"进行太多的推断，但是，我也会问自己，在吸引人类学家及其工作的策略中，有多少没有使用这些"心理作战"。

在我的第一次民族志研究结束后，我注意到的一个奇怪的结果或影响是，当开始新的研究时，以前的研究地点令人难以置信地关闭了。奇怪的是，另一位研究者—— 一位政治科学家，也是一位前军官——研究了与我非常接近的地方，他和我差不多在同一时间完成了论文——也注意到了这种关闭。我们两个都认为，我们应该受到"指责"；否则，如何理解从这一分钟到下一分钟，一个简单的军事学校图书馆就从开放变成了只限于军事人员使用？当我终于见到了一位先前的线人，询问发生了什么事时，他的回答是"你知道……"显然，他不"知道"；事实上，通过副作用，他知道沉默是对"我的指挥链"——"大学"——的回应，需要"冷藏"。在某种程度上，正是同一台"冰箱"，"冷藏"了文件和申请书，这导致研究者在一个不确定的链条中循环。

过了一段时间，我也感受到了我已经习惯的事情的"周期效应"(cyclical effects)。在一次由军方组织的亚马孙河之旅中，卡斯特罗邀请我陪同他参观了边境排，我们在几天的时间里走遍了各个部队。突然，在马瑙斯，当我们本应登上军用飞机的那天，我们的名字从乘客名单上神秘地"消失"了。正如一位军官后来告诉我们的那样，在试图解决每年那个时候(12 月)的情况时，"人们永远不知道飞机什么时候会飞到哪些地方……"但我们获得了一个安慰：去马瑙斯的丛林战争教学中心(Centro de Instrução de Guerra na Selva)访问，"那里有很多游客。甚至还有一个动物园，里面有一只美丽的美洲虎，是我们这里的吉祥物……"他重复道。

几年过去了，在这段时间的某个时刻，我们似乎被带出了巴西研究者十年来一直置身其中的"冰箱"。我们可以再次去军事图书馆，或者回顾整个研究行程。这其中最令人难以置信的是，当我的学生向官员询问我或者我过去在该机构的研究时，他们面临着记忆丧失的真空——在这种情况

【81】 下，也许是有益的。今天，研究这一主题的学生告诉我，"没人"听说过 20 世纪 90 年代的民族志。有时，正如一个学生告诉我的那样，"一个或另一个听说过，但不知道它具体是什么的"。对事不对人地看，今天我确信这是"指挥链效应"(指挥链的影响)中的又一个。很可能，这是一个会再次重复的循环。可能……因为，正如我被告知的那样，"战争是一个充满不确定性的领域，无与伦比"。

注释

1. 本章的第一次阐述是在里斯本大学(ICS/University of Lisbon)博士后研究期间的课堂上。我要感谢海伦娜·卡雷拉斯、塞尔索·卡斯特罗和若昂·德·皮纳·卡布拉尔(João de Pina Cabral)的鼓励，并感谢朱莉娅·萨乌马翻译的英文文本。当然，文章中的错误和笔误完全是我的责任。

2. 值得指出的是，其目的并不是要涵盖关于"战争人类学"这一子领域的所有文献，尽管在某种程度上，这一主题似乎是军队与人类学家之间关系的一部分，如下文所示。

3. 在这里，我将"士兵"作为任何军事人员的通用术语，有别于"士兵"的陆军军衔——可能是世界上大多数武装部队等级中的最低级别。事实上，军事界的一个常识是，军人角色被定义为士兵，而不是其他能够说明某人社会状况的形容词。因此，军官首先也是士兵。

4. 最著名的一篇文章发表在《纽约客》上："认识敌人：社会科学家能重新定义'反恐战争'吗?"作者乔治·帕克(George Packer)，2006 年 12 月 18

日：www. newyorker. com/archive/2006/12/18/061218fa＿fact2。另见《新闻周刊》的文章《一手拿枪，一手拿笔》，网址：www. newsweek. com/id/131752。2008 年 4 月 24 日查阅。

5. 关于文化冲击，瓦格纳(Wagner)论述道：这种感觉被人类学家称为"文化冲击"。当它发生时，当地"文化"首先通过人类学家自身的不足向他显现；在新环境的背景下，他变得"可见"了。在我们自己的社会中也有一些类似情况：刚进入大学的新生、新入伍的新兵，以及任何被迫生活在"新的"或陌生环境中的人，都体会过这种"震惊"的滋味。通常情况下，遇到这种情况的人会出现抑郁和焦虑，他可能会退缩，或者抓住任何机会与他人交流。在某种程度上，我们很少意识到，我们依赖于他人参与我们的生活，也依赖于我们自己对他人生活的参与。作为一个人，我们的成功和有效性(effectiveness)是基于这种参与，以及在与他人沟通时保持控制的能力。文化冲击是通过失去这些支持而丧失自我。毕竟，大学新生和新兵发现自己处于自己文化的另一部分，他们很快对局势形成了某种控制。然而，对于人类学实地工作者来说，这个问题更加紧迫，也更加持久。(1981:6-7)

6. 后来我才知道，是一位退休将军在一个研究所工作，该研究所挑选了一些巴西精英，建立了一个"巴西项目"。

7. 这些文本的内容各不相同：关于亚马孙地区的新闻报道，关于克劳塞维茨的文章和军事战略"重心"概念的文本，甚至还有孙子和巴顿、列宁和毛泽东的一些短语和名言。【82】

8. 尽管交换本身并不是"安抚"，但它可以引发新的紧张局势，并且本身包含着战斗的潜力，莱弗特(Lefort, 1979)和布迪厄(Bourdieu, 1996)等人已经证明了这一点。维莱拉(Villela, 2001: 191－197)的一篇有趣的文章，回到了勒福、布迪厄以及萨林关于互惠关系中的政治问题的讨论。

9. 福柯将"尼采假说"放在他思考政治权力的其他假设中。"在这一假设中，政治权力的功能是通过一种无声的战争，将这种力量关系永久地重新插入制度、经济不平等、语言，甚至某些身体中。因此，这将是克劳塞维茨格言颠倒的第一个含义：政治是以其他方式继续的战争"(Bourdieu, 1999: 23)。因此，战争政治系列可以被认为是吸收了某种词汇，这些词汇是通过机构和纪律实践与战争术语(战术、战略等)联系在一起的。

10. 参见杜蒙特(Dumont)关于指挥链的"人工等级"的概念(1992:100)，正如我们将看到的那样，不能应用于这种情况。

11. 这使我们想到了"记住"一个想法(或将事实作为记忆表的一部分)的概念，把记忆转化为"心"的事实(在葡萄牙语中，动词是"decorar"，意思是"用心学习")，然后将单词转化为行动。这似乎也是本·阿里(Ben-Ari, 1998)对以色列国防军提出的特征之一。

12. "皮耶罗，热汤应该从边缘开始吃。"

13. 我们认为，两名士兵之间存在分歧。重要的是，它必须得到解决，这种情况不能继续"卡"在指挥链上。因此，如果一个外部真理或理论在链条中造成了分歧，那么在链条的最后，就必须选择一个单一的真理。

14. 两条军事格言说明了这种"精神"："当大脑不工作时，手臂就会弯曲！""只有彻底的训练才能使人筋疲力尽……"

15. 学员的"基础课程"(在 AMAN 培训的前两年)的目标如下：

   在军事学院的第一年和第二年，未来军官将接受基础培训。其目标是调整学员的个性，使其符合军事生活的原则，确保能够继续参加军官培训、强化军事素质、为基础作战做好准备、获得执行个人作战技术和战术的基本反应，获得体能锻炼和发展技术能力。(www. aman. ensino. eb. br/pvisogeral. htm, 2006 年 7 月 26 日)

16. 虽然这个话题在这里已经受到了一些关注，但问题所声称的大多数问题都超出了本章的范围。我只想指出，在士兵的案例中，或者至少在相关案例中，据我所知，很少有民族志讨论与所谓"强大"的关系。关于士兵，除了已经引用的卡斯特罗(Castro，1990)和莱纳(Leirner, 1997)，参见巴达罗(Badaró, 2009)。关于精英对民族志的控制问题，参见皮纳·卡布拉尔(Pina-Cabral)和利马(Lima)(2000)的介绍。

17. 不可能不想到克拉斯特的著名文章《交换与权力：土著酋长的哲学》(Clastres, 1977)。显然，这些互惠中的"暂时性失误"也可以一起考虑：那些在"退役"后发言的人，"返回"了现役士兵仅仅"听到"的内容。如果我们想继续朝这个方向发展(在另一个场合)，可以通过其关

系的政治性来考虑这种互惠的时间性（参见 Bourdieu, 1996）。对首领
"权力下放"问题的批评，参见兰纳的著述（Lanna, 2005）。
18. 一名退休军官提供的信息。

参考文献：

Badaró, M. (2009) "Dilemas da antropologia das instituições controvertidas:
reflexões a partir de uma investigação etnográfica no Exército argentine, " in
C. Castro and P. Leirner (eds.) *Antropologia dos militares: reflexões sobre
pesquisas de campo*, Rio de Janeiro: FGV.

Ben-Ari, E. (1998) *Mastering Soldiers: Conflict, Emotions and the Enemy in an
Israeli Military Unit*, Oxford: Berghahn.

Bourdieu, P. (1996) "Marginália: notas adicionais sobre o dom, " *Mana*, 2/2.
Riode Janeiro: Contra-Capa.

Castro, C. (1990) *O Espírito Militar: um antropólogo na caserna*, Rio de Janeiro:
Jorge Zahar Ed.

Clastres, P. (1977) *A Sociedade Contra o Estado*, São Paulo: Brasiliense.

Clastres, P. (1980) *Arqueologia da Violência*, São Paulo: Brasiliense.

Dumont, L. (1992) *Homo-Hierarchicus*, São Paulo: Edusp.

Fausto, C. (2001) *Inimigos Fiéis: história, Guerra e xamanismo na Amazônia*, São
Paulo: Edusp.

Favret-Saada, J. (2005) "Ser Afetado, " *Cadernos de Campo*, 13. São Paulo: USP.

Foucault, M. (1999) *Em Defesa da Sociedade*, São Paulo: Martins Fontes.

Gonzáles, R. (2007) "Towards Mercenary Anthropology?" *Anthropology Today*,
23-3: 14-19.

Lanna, M. (2005) "As Sociedades contra o Estado existem? Reciprocidade e
poder em Pierre Clastres, " *Mana - Estudos de Antropologia Social*, Rio de
Janeiro, 2: 419-448.

Lefort, C. (1979) *As Formas da História*, São Paulo: Brasiliense.

Leirner, P. (1997) *Meia-Volta, Volver: um estudo antropológico sobre a hierarquia militar*, Rio de Janeiro: FGV.

Leirner, P. (2001) *O Sistema da Guerra*, PhD Thesis. Dept. of Anthropology, São Paulo: USP.

Leirner, P. (2008) "Sobre 'Nomes de Guerra': classificação e terminologia militares," *Etnográfica* 12(1). Lisboa: ICS/Univ. de Lisboa.

Lévi-Strauss, C. (1976)[1942] "Guerra e Comércio entre os Índios da América do Sul," in E. Shaden, *Leituras de Etnologia Brasileira*, São Paulo: Companhia Editora Nacional.

Lima, A. (1995) *Um Grande Cerco de Paz: poder tutelar, indianidade e formação do Estado no Brasil*, Petrópolis: Vozes.

Network of Concerned Anthropologists (2009) *The Counter-Counterinsurgency Manual, or Notes on Demilitarizing American Society*, Chicago: Prickly Paradigm Press.

Pina-Cabral, J. and Lima, M. A. P. (2000) *Elites: Choice. Leadership and Succession*, Oxford: Berg Publishers.

Price, D. (1998) "Gregory Bateson and the OSS: World War II and Bateson's Assessment of Applied Anthropology," *Human Organization* 57 (4): 379-384.

【84】 Price, D. (2000) "Anthropologists as Spies," *The Nation*, November 20: 24-27.

Price, D. (2002) "Past Wars, Present Dangers, Future Anthropologies," *Anthropology Today* 18: 3-5.

Sahlins, M. (1990) *Ilhas de História*, Rio de Janeiro: Jorge Zahar Ed.

Sahlins, M. (2008) "The Stranger-King; Or, the Elementary Forms of Political Life," *Indonesia and the Malay World* 36(105): 177-199.

Villela, J. (2004) "A Dívida e a Diferença. Reflexões a respeito da reciprocidade," *Revista de Antropologia* 44(1). São Paulo: USP: 185-220.

Wagner, R. (1981) *The Invention of the Culture* (revised and expanded edition), Chicago: University of Chicago Press.

6 在民主时代就准入阿根廷军事机构进行谈判：困难和挑战

亚历杭德拉·纳瓦罗

引　言

实地访问和访问受访者，被理解为一个动态和灵活的过程，是社会研 【85】究的一个基本阶段（Hammersley and Atkinson, 1994; Goetz and LeCompte, 1988; Descombe, 1998; Feldman et al. , 2003）。它的特点、困境和挑战一直是不同学科方法论争论的对象，例如人类学有效利用了民族志研究。在非民族志的质性研究中，对"准入"（access）的关注较少。然而，在这种研究中，为了与研究参与者和守门人（gatekeepers）建立良好的关系，进入（access）是至关重要的。

本章分析了复杂的决策过程，使我得以在 2008 年采访了两个军事机构的阿根廷军官。[1] 这两个军事机构分别是军事学院（Colegio Militar de la Nación）和陆军高等教育学院（Instituto de Enseñanza Superior del Ejército）。

下面分为三个部分来介绍。首先，我将根据理论和方法论文献对"准入"进行定义。其次，简要描述在最后一次进入军事机构之前的近两年时间里，我与线人和潜在看门人的一系列复杂互动。这一冗长的谈判的结果对研究的发展产生了影响。我将介绍这一过程，以此来说明研究工作的可信度（Maxwell, 1996; Whittemore et al. , 2001; Cho and Trent, 2006）。在最后一部分，我将反思"错误的错觉"（false illusion），这种错觉是以为准入一个机构意味着所有成员的合作。与一群军官进行的实地工作的经验，让我面对了这个现实。

定义"准入"

在一项社会研究中，准入一个机构不仅仅是获得进入前门的许可。根据格莱斯内（Glesne）和佩什金（Peshkin）的说法，准入是指"获得同意去你想去的地方，观察你想要观察的东西，和你喜欢的人交谈，获得和阅读你想要的材料，并在回答研究问题所需的时间内完成所有这些"的过程（1999: 33）。从这个角度来看，只有当研究者可以自由地观察并与任何人自由交谈，以获得研究问题的答案时，才是真的进入了现场。根据英国和美国的方法论文献，这一过程至少可以分为两个层面。我们必须能够进入并留在现场（Hammersley and Atkinson, 1994），必须与被研究机构的成员建立有意义的关系，这样才能共同完成一个叙事（Feldman, 2003）。根据瓦纳特（Wanat, 2008）的观点，研究者与参与者建立信任关系并获得合作是获取信息的关键方面。分析这个阶段的研究工作很有用，要注意研究者的身份，以及随着时间的推移需要付诸实践的自我的不同表现（Harrington, 2003）。

从这个角度来看，准入意味着"正式"进入该研究机构，以及与研究参与者建立"融洽关系"，以便"挖掘他们的记忆"（Sautu, 1999），这些记忆将为回答研究问题提供"线索"。

分析准入的不同方面是很有趣的。第一，作者将准入作为一个嵌入有意义的机构环境中的关系过程。换句话说，进入是一项任务，意味着研究者与研究参与者之间的关系（Hammersley and Atkinson, 1994）。此外，研究者需要考虑研究群体或机构的微观社会特征，包括其成员、成员之间的互动及成员赋予互动的意义。研究这些特殊性是一个有用的框架，既可以帮助剖析谈判过程的复杂性，也可以将背景纳入数据的分析中。

第二，考虑根据时刻、地点和人员进行战略规划的必要性（Lahmar, 2009）。在实地调查过程中，一个人面临着不同的情况，需要分析为了进入、留下和从"授权声音"获取信息所需的适当步骤。

第三，不同的作者指出了研究者应对谈判准入所涉及的持续的、各种各样的挑战的能力（个人专业能力）的重要性（Hammersley and Atkinson,

【86】

1994; Feldman et al., 2003）。从这个角度来看，不仅要考虑研究者的生平经历和人口特征，还需要考虑到他/她的技能和策略，这些都在获得准入权限方面发挥作用。将我们自己视为研究过程的一部分，将反身性作为一种方式来提高对自己和他人的认知。要做到这一点，就有必要考虑到我们在第一方面提到的内容，并意识到我们希望进入的机构及其行为者的性质。

最后，研究者认为，任何研究过程的伦理层面都需要仔细监控。"准【87】入"阶段还涉及特定的伦理挑战和困境。有必要确保该领域讨论的所有内容以及信息的学术处理的保密性和匿名性。研究的呈现方式、机构框架以及研究者的加入和从属都是谈判准入任何类型机构，特别是军队的关键。

下一节内容回顾了我们与军事机构持续近两年的谈判过程。我将描述每个决定，以及为了获得采访阿根廷军队军官的最终授权而必须考虑的步骤。

寻求准入和合作

第一步

在这项研究中，没有采访许可，不可能开始田野调查。军事机构是一个官僚的等级组织。考虑到这一点，我想知道我必须和谁开始接触，因为我不认识军队中的任何人。[2] 为了能够让我完成博士学位论文，最初的主要问题似乎是如何开始。当时，我的研究兴趣是分析年轻军官如何将意义赋予他们的军人角色（他们的身份）。在阿根廷武装部队正在进行重要教育、规范和组织改革的背景下，这是有价值的。新的任务和冲突消失的假设似乎使军队的任务更接近平民而不是武装人员（Moskos et al., 2000）。我想深化年轻军官对这一新体制现实的评价及其评价的意义。

几个任务同时开始。首先，我必须清楚地了解我希望进入的机构的特点，以便制定进入策略。对现有理论和经验文献的回顾，强化了我对军事组织特殊性的理解；正如我曾说过的，这些机构是正式的、等级分明的机构。简而言之，我们可以说，鉴于它们的规模和性质，它们是复杂的社会组织；它们具有公共性质，内部高度分化。此外，大量文献指出，如此复杂的组织很少具有控制其成员的个人行为的能力（Abrahamson, 1985; Janowitz, 1985）。因此，可以将军队理解为一个官僚机构，其中没有正式的反权力机制和法律权威的限制。

【88】　　　必须明确这些特征，以便确定应该接触谁，谁是把我介绍给其他人的"守门人"。尽管我一无所知，但通过与一名下级军官或首席军官的接触来获得访问权限似乎并不明智。我记得在 2006 年，我受邀与其他同事一起在高级军事学院（Escuela Superior de Guerra）教授一门研究方法的研讨课。我决定联系该学校现任学术秘书，并和他谈谈我的兴趣。我介绍了自己，并透露了我的组织关系和我的研究目标。那位军官同意了采访，并帮我联系了他的一些同事。"那很容易！"我想；我有了我的研究工作。我觉得我已经开始了田野调查。我很惊喜，因为我原本认为进入军事机构会很困难。考虑到我只打了一个电话就安排了一次采访，所以我对这个群体的成见似乎是错误的。很快，我意识到事实并非如此。在第一次会议上，我面对的是一位非常友善的军官，他没有回答我的问题，因为他需要得到上级的同意。我面对着一个我认为自己很熟悉的机构的特点。我产生了一种压倒性的失望感：我有研究问题，但没有人会回答，至少在目前的结构中没有。一个接一个的受访者向我解释说，他们不能讨论这样的话题，所有人都建议我和他们的上级谈谈[3]。但我不想听到上级的意见。"我哪里出错了？我是不是用错了方法？这些问题不对吗？我需要重新考虑进入现场的策略吗？"这些是我在实地笔记中记录的一些思考。现实的限制修改了我的研究主题及其设计。

　　由于无法与军官面谈以及他们不愿讨论某些主题，于是我决定将重点放在规范性文件和内部文件的修订上。这项任务可以让我深入了解武装部队的职能和任务的变化，同时我重新考虑与被访者接触的策略。此外，回顾我的实地笔记，我不仅记录了访谈情况的动态，还记录了我的感受和情绪，我发现我自己对提出某些问题感到恐惧。我反复写下诸如"我不想问""我不能深入""我觉得很烦，没有问"之类的短语。这些笔记让我警觉起来，尽管当时我无法确定它们的相关性。

　　在修订规范和阅读特定参考书目的过程中，我发现了军事社会学研究的一个空缺。从这一发现开始，结合我自己的遭遇和与受访者相关的困难，我重新确定了最初的研究问题。我不仅对军队军官在武装部队中引入教育和劳动项目的价值观感兴趣，而且对他们的社会人口特征感兴趣。我开始质疑那些想要开启军事生涯的人的特点：他们的家庭来自哪里，他们从事过什么样的学习，他们的工作是什么。我想设计一项以军事社会学为重点的研究，深化不同军官群体的传记，以比较不同的社会历史时刻。上一项此类研究于 20 世纪 60 年代在阿根廷进行（De Imaz，1964）。这一重要空缺值得进一步研究。

重新思考研究项目和准入问题

考虑到军事机构正在经历的变化，以及军事社会学某些方面的相关知识的重大差距，我决定重新思考我的研究。我现在想分析三批阿根廷军官入伍的社会基础、他们生平经历中构建的社会和婚姻联系，以及受访者赋予军事生涯和军事生涯选择的意义。[4]

又一次，我发现自己面临着一个两难境地：与谁进行第一次联系，以及如何建立第一次联系。为了回答我的新研究问题，需要联系三批军官（根据他们进入军校的情况），他们要来自陆军的不同部门。我以前的经历使我决定现在以尊重军队等级的方式与军队接触。在这种情况下，我的第一次接触是一位高级将领，他是前将军，他在陆军的教育机构——陆军高等教育学院担任职务。这不仅看起来是一个很好的开始方式，也是我唯一的能够获得的接触。

有时一开始的相遇是偶然的，没有计划的。我是如何接触到这位退休军官的，他是怎样成了一个"内部线人"（insider informants）（Harrington，2003：612）的呢？我是通过布宜诺斯艾利斯大学的一位研究者认识他的，这位研究者知道我的兴趣并与这位军官就科学技术问题进行了面谈。这位军官了解学术界并在学术界工作，这一事实是非常有益的；由于这个事实，他可能更倾向于接受我们的第一次会面，并听取我的研究建议。除此之外，协调联系的研究者在学术界得到了认可，并对我给予了好评。这两种情况（了解学术界和有知名人士推荐我）都对开始的接触有很积极的影响。从我第一次接触这个研究主题和第一次访谈以来，已经过去了将近两年。

2008 年 6 月中旬,进入军事世界的第一次谈判得到巩固;然而,那时,我并不确切地知道哪些机构会允许我进入去做访谈。

【90】　　从与前将军的第一次接触开始,我开始了一段与不同军官相遇和错过的旅程,直到我能够开始实地调查。一直以来,我都努力表现出对向我敞开大门的机构的利益的关注。

漫长的访谈之路

1. 第一位线人:前将军。
2. 第二位线人:前上校(陆军高级教学学院评估秘书)。
3. 第三位线人:另一名前上校(陆军高级教学学院成员)。
4. 论文项目和我的简历必须经由陆军高级教学学院院长的审核评估。
5. 会见陆军高级教学学院学术秘书(现役上校)——第四位线人。
6. 军校:现役上校,学术研究秘书。
7. 陆军高级教学学院:传记式访谈。
8. 高级军事学校和高级技术学校(Escuela Superior Técnica):调查。

与这位前将军的第一次会面,我感到既焦虑又紧张。我对军队的先入为主的看法是存在的,并表明我会在工作中发现障碍。这一惊喜是绝对的和直接的。我面对的是一个打扮成平民的男人,非常善良随和,对学术生活和军民融合非常感兴趣。在做其他事情之前,我先介绍了自己,明确表明了自己的组织关系,这是进入现场的一种重要方式。马上,我们开始讨论我的研究目标以及这些目标对军事机构的重要性。分析过去50年军队招募的社会基础似乎很有吸引力,似乎不太可能引起拒绝。我必须积累支持这一事实的信息。我向将军解释说,除了收集统计数据外,我还想对不同批次的军官进行传记式访谈,以加深对家庭背景、生活方式以及选择军事职业的动机的了解。在这一点上,最复杂的问题是解释研究策略和方法技术的重要性,我在访谈中失去了谈判的空间。实际上,正如我在实地笔记中所记录的:

　　在谈话的某个时刻，我发现自己受到了"赞助人"利益的引导。我的第一感觉是，我最终会做他/她想做的事。我很沮丧；我不知道该做什么，也不知道如何解释为什么调查这些问题如此重要。我认真听取了给我的解释，并立即再次解释了我想做什么，以及为什么有必要进行传记采访而不是调查。我觉得我又一次处理了这种情况。现在我必须制定一个时间表。

（实地笔记，2008 年 6 月 23 日）

【91】

　　思考"守门人"的益处和危险是很有趣的。他们是一个非常重要的门户，但也可以使我们将研究重点重新聚焦于他们想要的方向（Goetz and LeCompte, 1988; Hammersley and Atkinson, 1994; Feldman et al., 2003）。正如哈林顿（Harrington，2003：598）所表达的那样，"参与者在定义对研究者重要的主题方面的力量"被证明是将自己重新定位为研究者并就研究目标的重要性进行论证的一项重要练习。在这项任务中，我的身份和线人的身份都在场（Harrington，2003）。我是一个女性，相对年轻，在一个男性化、等级森严的世界里，与一位将军交谈，这位将军亲切地向我指出了该机构最让人感兴趣的地方："有时我觉得我不能指出任何不恰当的地方，我必须告诉他们想听的东西。我几乎一直都很清楚自己的话。看着自己摇摆不定很有趣"（实地笔记，2008 年 6 月 23 日）。

　　最后，会议圆满结束了；看起来我现在可以开始我的实地工作了。将军为我联系的另一名前军官，是一名上校，他当时担任陆军高级教学学院的评估秘书。在这次新的会议上，我再次向他们解释了我需要什么：获得统计数据，并与几名军官进行面谈。我告诉上校，我想以某种方式回报他们给我的所有帮助。我提议在研究所讲授一门研究方法课程，或者组织主讲一次他们选择的会议。[5] 这位军官指出，我没有必要讲授课程，他们对军事机构的研究有兴趣，用以实现民事和军事世界的更高融合。

　　在大约两个月的时间里，我与两个线人进行了几次会面，第三个线人出现了：陆军高级教学学院的另一名前上校。在每次会议上，我都会再次介绍到我的研究目标，并重复了我对为什么不能开始实地调查的理解。我的现场笔记是基本的。这使我能够反映和理解该机构特征的重要性，以及

101

一种假设，即每次与其中一名线人建立联系时，研究者应该有一套"身份组合"。当这些邂逅发生时，其中一名线人设法让我进入了该机构。论文项目和我的简历必须经由学院院长审核评估。

【92】　　很长一段时间以来，我都有一种不确定的感觉。我似乎可以开始访谈了，但我只能与线人接触，而且不清楚如何与其他人接触。同时，似乎不可能获取包含征兵基础信息的统计记录。这终于发生了！我不得不改变我的部分目标。随着时间的推移，谈判的动态特征变得越来越清晰，机构内部的重要性也变得更加清晰。我注意到不能忽视等级界线，组织的正式方面始终存在。我非常注意自己的外表，也很注意自己的衣着。我总是穿着正式，从不穿裤子(穿制服裙)。

　　当我等待正式进入陆军高级教学学院的某个机构时，之前与我交谈的三名军官允许我采访他们。我认为这是一个测试访谈指南的好机会。在大约三个月的时间里，我介绍了我的工作和我自己。9月中旬(在6月的第一次会议之后)，我被告知必须向学院的学术秘书正式介绍我的工作。这位军官不仅非常友善，而且对这个项目和主题也表现出了兴趣。对话很长，我有机会解释我的每一个研究目标，并说明了达成每一个目标所需的方法。我觉得很舒服，我担任了一名研究者的角色，为我的研究目的进行辩护，同时又不忽视我希望加入的团体的灵活而敏感的利益。这位军官让我有机会在两个机构进行调查：高级军事学校和高级技术学校。这是一个进入另一个军事组织的机会。[6]

　　这次长时间的会议圆满结束了。该军官还承诺给我在军事学校(阿根廷唯一的军官学校)开展实地调查的许可。我意识到，我已经开始了接触受访者的谈判，他们将成为军官，在陆军高级教学学院的某个军事学校工作。线人的特征(他们的工作地点)会影响我的案例(我将采访的人)。我理解这一点的重要性，以及这些中心特性的重要性。在我的工作中，我会描述这个特定群体的前景，而不是全体陆军军官的前景。在实地笔记中，我发现自己在反思案例选择及其特征：

　　　　学术秘书跟我谈了在军事学校访谈的可能性。我原想可以采
　　访不同军营的军官。看来这不被允许。我必须思考如何证明这一

选择及其重要性和相关性。我还不清楚。我会看看会发生什么。

（实地笔记，2008 年 8 月 25 日）

下一步是去军事学校。我感到紧张和焦虑。我访谈了一位现役上校，【93】他是学术研究秘书。他期待着我得到陆军高级教育学院学术秘书的认可，这是军事学校需要的。我觉得自己好像又要重新开始了。然而，这位军官非常友善，对我的研究主题很感兴趣。[7]

这次访问在许多方面都很有用。有机会与这位军官会面，并参观教育机构，使我对军事学校的运作有了更多的了解。另外，我可以根据军官在军校的任务来安排访谈时间。也有可能证实，我研究过去 50 年招兵的社会基础所需的统计数据并不存在。我没有统计数据，但我正在着手实地调查和对军校军官的传记采访的路上。

10 月底，我进行了第一次传记式访谈，从我与学术秘书制定议程开始。有关文献指出，"实现访问，毅力和灵活性非常重要"（Feldman et al.，2003：27）。除了实地工作外，还需要适应我的军事学校"守门人"的决定。他是指示我访谈谁的人，而我没有任何余地去选择访谈军官。我的实地笔记记录了我自己不愿意建议采访某位军官，并接受了上校做出的每一个决定。

实地工作的开展方式对研究过程有着明显的影响。例如，我本来没有考虑过访谈女性，但是我确实访谈了。我原本只想访谈陆军的军官，最后我访谈了其他军种的军官。由于没有足够的时间来转录和进行之前的分析，我不得不在访谈备忘录和实地笔记的结构上更为细微，这取代了质性研究中常见的初步分析。

当我在军校进行传记采访时，我意识到很难采访那里的高级军官（1973 年之前进入该机构的军官）。看来有必要访问另一个机构。我回到我在陆军高级教学学院的第四位线人那里，并设法在那里做了一些采访。那里的人员与军校完全不同；几乎所有人都是前军官，但仍然与我的研究目标有关。方法类似。每次我离开时，线人（学术秘书）都设法安排议程，让我与军官取得联系。偶尔，因为受访者延长了谈话时间，时间不够，我不得不重新安排采访。我感觉到的不同之处在于，这些前军官在与线人打交

【94】 道时更自由，尽管"作为军人"，但在某些方面（表达个人意见、口头归因、扩大谈话范围），他们的表现更夸张。和他们交谈，我觉得自己在军事世界的后台；而在军事学校时，我更多是在"前台"（Goffman, 1994）。

传记式访谈正在进行中。我设法进入了一个被认为与我自己的世界遥远而不同的世界。

进入（准入）并非总是合作："错觉"

尽管有这种感觉，但在 2008 年底的最后一次实地工作中，我对一群首席执行官和下级军官（高等军事学校和高级技术学校的学生）进行了自我管理的调查，这让我产生了一种错觉，即准入总是为了合作。

陆军高级教学学院的第四位线人帮我联系了一位现役上校，他是陆军高级军事学院的学术秘书。他负责召集所有军官学生分发调查问卷，并等待他们完成。[8] 当我到达时，我介绍了我的组织关系、项目目标和我自己。现场的气氛变得紧张起来。我明确表示，这项调查是自愿的、匿名的，对信息的处理会严格遵循学术原则。没有人拒绝调查，但他们留下几个空白问题，来表示反对。我觉得很不舒服。随着评估秘书的到来，情况变得更加糟糕。这位官员没有被告知我的访问，他非常恼火和咄咄逼人，否定了我的工作质量。调查结束后，我无法请求受访者深入解释他们的回答。我认为这是一个探索阶段，鉴于缺乏这类研究，这是一个良好的开端。在那次经历之后，我决定不对另一组人重复这项调查。

这段经历揭示了进入现场的真实层面，这比与线人建立良好关系要复杂得多。还有，我的"自我"和个人特征（有能力或无能）参与了谈判，并出现在权力关系中，这有时让我处于不利地位。

最后的思考

这次经历丰富了我对军事机构及其成员的了解。必须尽可能完整地记录联系人的识别、启动和维护过程。这段经历提供了数据，告诉了我们机
【95】 构的特征、研究对象以及解释的情境。维持机构成员和研究者之间的关系

是很有趣的。线人的坚韧和接受某些行动路线的意愿(例如，案件的选择)是关键。在一年多的时间里，我一直致力于这种访谈，与不同层级的军官进行了交谈。对我的目标的明确解释有助于这个过程，专业的和学术的说明也同样有用。尽管一些研究指出，在最初阶段，研究者处于权力地位(Karmieli-Miller et al.，2009)，但在我的案例中，情况各不相同，有时，线人更有力量定位自己，从而改变了研究重点的方向。

　　我可以推翻这样一个神话，即如果你不是内部人，就不可能在军事机构内进行研究。我不得不对自己的先入为主进行研究，但在所有的研究课题中都会发生这种情况。谈判准入只是与不同的参与者建立关系，每个访谈情况都是特殊的和独特的。尊重他人的声音和观点，超越我们自己的评价，是将我们自己定位为多元、灵活、对社会世界的主体间性和多样性感兴趣的研究者的关键。

注释：

1. 本章是我在布宜诺斯艾利斯大学的博士学位论文研究"一群阿根廷军官的传记轨迹：阶级出身、婚姻纽带和军事职业的选择动机"的一部分。

2. 之前在同一领域的研究工作中，我采访了已经退伍并被定罪的陆军军官(Navarro，2007，2009)。我与他们的联系是偶然建立起来了的。

3. 在这个早期阶段，我进行了三次访谈和一些非正式的谈话。

4. 这群人对离开军事学校的年份做出了回应。第一批由 1973 年以前从军事学校毕业的军官组成(从事军人职业时，军队在该国发挥领导作用)；第二批由 1974 年至 1986 年毕业的军官组成(在阿根廷上届军政府执政期间担任军官)；第三批是民主时期毕业的军官。

5. 一些作者(Blau 1964 and Wax 1952 in Harrington 2003)介绍了准入谈判中的交换方法。它侧重于对实地调查参与者的补偿。

6. 这是一个分组，我只打算对他们进行自我管理的调查，调查问题与传记采访的问题类似，但没有推进到相同的深度。通过这种方式，我从一个更大的群体那里获得了信息，分析了他们对进入高级军事学校和高级技术学校所赋予的价值。

7. 在开始谈话之前，出于对等级制度的尊重，我向军事学院的院长介绍了自己，他为我打开了学校的大门，并建议他们了解我的研究结果会很有用。

8. 为了参加这次会议，我不得不打了好几个电话（至少三个），直到我们安排了一天。

【96】 **参考文献：**

Abrahamson, B. (1985) "La profesión militar y el poder político: los recursos y su Movilización," in R. Bañón and J. Olmeda(eds.)*La institución militar en el Estado contemporáneo*, Madrid: Alianza Universidad, 254-269.

Cho, J. and Trent, A. (2006) "Validity in Qualitative Research Revisited," *Qualitative Research* 6(3): 319-340.

De Imaz, J. L. (1964) *Los que mandan*, Buenos Aires: Universidad de Buenos Aires.

Descombe, M. (1998) *The Good Research Guide for Small-scale Social Research Projects*, Berkshire: Open University Press.

Feldman, M., Bell, J. and Berger, M. (2003) *Gaining Access: A Practical and Theoretical Guide for Qualitative Researchers*, Walnut Creek, CA: AltaMira Press.

Glesne, C. and Peshkin, A. (1999) *Becoming a Qualitative Researcher*, Reading, MA: Addison-Wesley.

Goetz, J. P. and LeCompte, M. D. (1988) *Etnografía y diseño cualitativo en investigación educativa*, Madrid: Morata.

Goffman, E. (1994) *La presentación de la persona en la vida cotidiana*, Buenos Aires: Amorrortu.

Hammersley, M. and Atkinson, P. (1994) *Etnografía. Métodos de Investigación*, Buenos Aires: Paidós.

Harrington, B. (2003) "The Social Psychology of Access in Ethnographic Research," *Journal of Contemporary Ethnography* 32(5): 592-625.

Janovitz. M. (1985) "La organización interna de la institución militar," in R. Bañòn and J. Olmeda (eds.) *La institución militar en el Estado contemporáneo*, Madrid: Alianza Universidad, 101–139.

Karmieli-Miller, O., Strier, R. and Pessach, L. (2009) "Power Relations in Qualitative Research," *Qualitative Health Research* 19(2): 279–289.

Lahmar, F. (2009) "Negotiating Access to Muslim Schools: A Muslim Female Researcher's Account on Experience," paper presented to the Postgraduate Research Student Conference in Nottingham on 14 July 2009.

Maxwell, J. A. (1996) *Qualitative Research Design: An Interactive Approach*, Thousand Oaks, CA: Sage.

Moskos, C., Williams, J. and Segal, D. (2000) *The Postmodern Military: Armed Forces After the Cold War*, Oxford: Oxford University Press.

Navarro, A. (2007) "Matrices y Tipologías en el análisis cualitativo de datos: una investigación con relatos de oficiales Carapintadas," in R. Sautu (ed.). *Práctica de la investigación social cuantitativa y cualitativa*, Buenos Aires: Lumiere, 301–323.

Navarro, A. (2009) "Looking for a New Identity in the Argentinean Army: The Image of the 'Good Soldier'," in C. Dandeker, G. Caforio and G. Kuemmel (eds.) *The Military, Society and Politics: Essays in Honor of Juergen Kuhlmann*, Schriftenreihe des Sozialwissenschaftlichen Instituts der Bundeswehr, Netherlands: VS Verlag, 59–74.

Sautu, R. (1999) *El método Biográfico*, Buenos Aires: Lumiere.

Wanat, C. (2008) "Getting Past the Gatekeepers: Differences Between Access and Cooperation in Public School Research," *Field Methods* 20(2): 191–208.

Whitemore, R., Chase, S. and Lynn Mandle, C. (2001) "Pearls, Pith and Provocation: Validity in Qualitative Research," *Qualitative Health Research* 11(4): 522–537.

7 军事环境中的研究关系：
性别为何重要？

海伦娜·卡雷拉斯，安娜·亚历山大

引　言

【97】　　社会科学的方法论文献中经常讨论性别如何影响研究过程的问题。关于它对武装部队等特殊性别化组织的研究发展的影响，人们写得很少。

　　本章的目的是讨论性别对军事环境中的研究的影响，突出与其他研究领域的共性和差异，以及性别可能影响研究过程的各个方面。借助具体的研究实例，对一些问题进行了研究：研究者的性别和被研究者的性别对谈判准入或访谈中的话语互动的影响；研究对象的性别化解释；环境的性别性征和研究主题的性别重点。

　　在重新审视了将研究过程本身作为社会过程的建议之后，本章对研究中的"性别因素"和军事环境的性别性征的文献进行了修订。然后，本章将探讨一项具体的研究经验——一个 2009 年部署到北约领导的科索沃特派团的葡萄牙维和营的案例研究——以此说明在具体案例中，研究者如何处理研究过程中的性别层面的问题，包括在进行实地研究时承认和尽量减少性别影响所需的角色和控制形式以及谈判中所涉及的权衡。

研究关系作为社会关系

　　质性研究者挑战了一种认识论范式，该范式假设所谓的"研究者偏见"

可以通过坚持传统的实证主义社会学研究模式而被消除，他们强调研究过程的社会互动性质，以及反思研究者在研究过程中的作用的必要性。来自不同社会科学学科的研究者的一长串报告表明，研究过程远比线性应用方法或技术选择的结果要复杂得多。正如伯吉斯所说的，"研究不仅仅是一个简明的程序问题，而且是一个社会过程，研究者和被研究者之间的互动将直接影响研究项目的进程"（Burgess, 1984: 31）。 【98】

这一观察适用于不同类型的方法学策略，包括定量调查研究，在质性研究的实践和实地研究中，这一点变得尤为明显。贝克尔（Becker, 1996）指出，有两种情况可能在质性和定量方法之间产生差异：一方面，这两种方法提出了一些不同的问题。定量研究者对建立变量之间的关系感兴趣，而质性研究者则致力于揭示一个关系系统，研究事物如何在相互依存的网络中联系在一起。另一方面，他们工作的环境通常非常不同。由于实地研究主要涉及观察、非结构化访谈和应用于特定社会环境的书面证据的使用，质性研究者无法将自己与数据隔离，也无法避免与环境中的其他参与者建立关系。大多数情况下，质性研究者发现自己是具有社会意义的事件，对研究过程产生重大影响。程序的灵活性、固定角色的缺乏、缺乏一套严格的规则，这些都是田野调查的特点，这进一步强调了研究关系对研究过程的影响。

这里讨论的是，任何研究过程都涉及社会互动，即使程度不同，这取决于研究选择的方法策略；与任何其他社会互动一样，研究过程中的社会互动发生在社会环境中，并产生社会影响；最后，自反性对于承认和控制可能的偏见至关重要。对这种影响的认识并不是一种限制，而是产生社会科学知识的条件；忽视它们，将妨碍评判研究结果的效度和信度的可能性（validity and reliability）。

在这个框架内，质性研究者被鼓励去反思他们在研究过程中的作用。他们工作中的一个核心问题，也是与本章特别相关的问题，是研究者的身份特征如何影响研究过程，即获取和谈判进入该领域的机会，以及在一个环境中与受访者和线人建立、维持融洽关系。年龄、性别、种族或社会经济地位等方面得到了特别强调，同时也强调了其他特征，如研究者的经验、被研究者对他/她的期望和假设以及他们之间的权力差异（Scott,

【99】　1984）。布迪厄（Bourdieu, 1993）在反思访谈过程时提到了最后一个问题，他呼吁注意访问者和被访者之间权力不对称的负面影响。在他看来，社会地位的差异——通常对访问者有利——可能会产生象征性的暴力情况，严重危害研究工作。因此，他认为社会邻近性和熟悉性是非暴力沟通的两个主要条件（Bourdieu, 1993）。

　　进一步关注这个问题，其他学者强调了相反的情况，即权力差别似乎对研究者不利（McKee and O'Brien, 1983; Lee, 1997）。在以下两种情况下，学者们强烈地提出了在访问中寻求对称性的建议。例如，欧克利（Oakley, 1981）根据她访问女性有关母亲身份的经验，提出了这样的建议，即访谈关系应该是非等级的，研究者应该准备好将自己的个人身份投入关系中。但是，这条特别的建议也引起了学者的怀疑。另有一些学者提出，应注意对称性原则被盲目接受时出现的矛盾，并指出完美的一致性不仅在访问中很少出现，甚至可能是不可取的。在某些情况下，有利于访谈的相同特征，在其他情况下，可能对研究工作是不利的：

　　　　研究者的某些身份特征可能有助于获得进入某个环境的机会，如他们的非威胁性……（然而，）当重点转移到与受访者建立和维持融洽关系时，在获得访问权限方面对研究者有利的相同特征可能会成为负担。（Gurney, 1985: 58）

　　　　这就引出了一个问题，即在讨论的许多社会特征中，哪一个对特定情况最重要（Riessman, 1987: 191），并强调了一个事实，即由于一个人的群体成员身份，作为"局内人"或"局外人"的体验都有好处（Merton, 1972）。

　　因此，研究者的多重立场问题，以及他或她的不同社会属性如何调节研究关系的问题，进一步增加了讨论的复杂性。关于研究中的性别因素，这些问题是如何讨论的？

研究中的性别因素

在越来越多探讨研究关系的社会性质和影响的文献中，大量研究涉及研究过程中的性别层面。对性别影响进入现场的方式、研究者角色的谈 【100】判、与受访者建立融洽关系、提出的问题及在实地项目中收集的数据等问题，进行了详细研究（Warren and Rasmussen, 1977; Wax, 1979; Golde, 1986; Whitehead and Conaway, 1986; Warren, 1988）。

自 20 世纪 70 年代初以来，许多讨论都集中在研究者的性别问题上，尤其是女性如何影响研究者的角色分配，以及如何限制或阻碍研究进展的问题（Easterday et al., 1977; Burgess, 1984: 90-91）。

尤其是对于民族志学者来说，问题往往是区分实地工作者常见的问题和女性特有的困难，无论性别如何（Golde, 1986; Bell et al., 1993）。研究发现，女性研究者经常被分配与女性刻板印象一致的角色，这种模式使她们处于从属地位，进而可能阻碍她们接触各种情况。然而，现有的经验研究不乏悖论，并且经常强调矛盾的动态。例如，

> 一个女研究员……可能会发现，如果她想获得特权信息，她必须扮演一个从属角色，这需要一些欺骗和即兴发挥。……对另一位同事来说，这样的欺骗可能代表着一种不道德和不可行的替代方案，然而，任何一种行动方案都可能显著改变研究内容。（Hondagneu-Sotelo, 1988）

同样，访谈中的性别评估提供了有趣且矛盾的证据，证明了单一或混合性别访谈的特殊影响。许多使用"同性"访谈的人都将这种偏好建立在这样一种直观的观念之上，即在这情种况下更容易建立融洽关系。芬奇（Finch, 1984）根据她自己采访女性做母亲的经验，强调了女性访谈女性的独特性，描述了她的女性线人表现出高度的信任，并期望她能够理解自己，因为访问者和受访者的性别相同。

其他研究者对这种说法提出了质疑。里斯曼（Riessman, 1987）比较分析

了一名女性采访者对一名英国女性和一名波多黎各女性进行的两次采访，得出结论认为，性别一致性无助于中产阶级白人、英国采访者理解工人阶级的西班牙裔女性对婚姻分居的描述。在这种情况下，性别一致性不足以克服种族不一致。访问者和被采访者都是女性这一事实所产生的潜在联系，不足以创造可以超越她们之间分歧的共同意义："缺乏关于组织叙事的共同规范，再加上叙事内容本身是不熟悉的文化主题，便造成了理解的障碍"（Riessman, 1987: 173）。这导致作者得出结论，除了研究者的性别外，还应该评估敏感合作的条件。

【101】

另外两项研究旨在评估访问者性别对生成的数据的影响，为这一反思添加了额外的元素。

威廉姆斯和海克斯（Williams and Heikes, 1993）利用两项对男护士的独立的深入访谈研究的数据，研究了男性受访者对男性访谈者和女性访谈者的反应。作者讨论了研究者的性别在更普遍情况下可能产生的影响，并认为采访者的性别不是在深入访谈中建立融洽关系和取得可靠结果的不可逾越的障碍。他们注意到，

在我们的两项研究中，男性传达的"情境定义"显示出显著的相似性和重叠性，甚至在涉及性别和性的话题上也是如此，调查研究者已将其确定为对"采访者的性别效应"最敏感的话题。（Williams and Heikes, 1993: 289）

同样，在1992年对年轻成年女性的工作、家庭经历和愿望进行的一项研究中，帕德菲尔德（Padfield）和普洛克特（Procter）对一名男性和一名女性的访谈进行了系统比较，尽管在自愿增加更多个人经历方面存在显著差异，他们发现，两位采访者在回答有关堕胎这一敏感话题的问题时保持一致（Padfield and Procter, 1996）。

这些研究表明，将重点完全放在研究者的性别上过于简化了辩论，同时强调了性别可能在研究中发挥作用的各个方面的多样性。

其中一个方面涉及性别角色和对研究的解释，因为对研究对象的感知也定义了研究者的角色，而性别在其中起着至关重要的作用。帕德菲尔德

和普洛克特注意到：

> 受访者是定义访谈过程的积极参与者。访谈者在进行访谈时可能会考虑到性别因素。这同样适用于受访者，他们也用性别术语来定义情况。问题是要知道受访者的性别意识是如何影响访谈的。（Padfield and Procter, 1996: 364）

通过考虑受访者对互动的性别背景的协商，有可能对女性对女性认同【102】的主张以及对跨性别研究的禁令提出质疑。

此外，性别只是影响研究关系的属性之一。多种社会特征与性别相互交织，并调节研究关系。在采访男性企业精英的时候，舍恩伯格（Schoenberger, 1991）认为，尽管她是女性，但共同的"阶级"地位标志着她被认可为"其中之一"（1991: 281）。同样的，在一项对伦敦城市银行男性精英人群的访谈研究中，麦克道尔（McDowell, 1998）描述了除性别之外，年龄是她定位受访者的一个重要因素。麦克道尔强调了这样一个事实，即她作为一名白人、异性恋、中年女性的多重身份，采访了一群年轻人，主要是白人，而且大部分是异性恋，同样也在干预关系的谈判。

除研究者和被研究者的性别身份、被研究者的性别认知或者性别与其他社会属性的交叉之外，研究主题也被认为是塑造研究关系的一个关键因素。在文献中，这主要涉及伦泽蒂和李（Renzetti and Lee, 1993）提出的术语中可能被定义为"敏感"的主题，也就是说，可能对卷入重大威胁的人构成潜在威胁的主题，使得研究者和（或）被研究者在收集、持有和/或传播研究数据方面出现问题（1993: 5）。例如，李（Lee, 1997）借鉴了她就工作场所骚扰问题采访男性的经验，谈到了在性别化访谈动态的背景下讨论性话题时受访者的脆弱性。针对现有访谈讨论中对这一问题关注的不足，作者详细介绍了她自己的人身安全策略，并分析了由这些策略引发的控制、融洽关系和互惠的困境（Lee, 1997）。

这就是为什么施瓦尔贝和沃尔科米尔（Schwalbe and Wolkomir, 2001: 91）建议，为了研究性别对访谈的影响，我们需要从"谁在问谁"转向"谁问谁什么问题"。皮尼（Pini, 2005）进一步深化了这一批评，以反思研究的性别重点以及研究环境的重要性。在一项基于访谈的研究中，她对澳大利亚一家糖业公司的农村和农业工人以及男性气质进行了研究，她认为，为了研究性别对访谈的影响，我们需要超越对研究者和被研究者的性别的简单关注，并进行更复杂的分析，探索"who、whom、what and where"的中介影响的交叉点。

【103】　　根据施瓦尔贝和沃尔科米尔（Schwalbe and Wolkomir, 2001）的工作，皮尼认为，除关注"who""whom"和"what"之外，"where"也应该是一个核心问题，因为研究环境的性别背景也会影响访谈关系：

> 在使用"where"一词时，我并不是简单地指进行访谈的房间、建筑或组织，尽管访谈的物理地点是调节权力关系的另一个因素（Elwood and Martin, 2000）。我所指的"where"是指进行研究的更广泛的领域或背景。（Pini, 2005: 204）

如果这一更广泛的研究背景是指性别类型的职业或男性主导的环境，那么背景问题就变得极为相关。在这种环境下对女性研究者进行的各种研究的一个共同结论是，当在男性占主导地位的地方（例如警察部队或军队）进行研究时，研究者的性别地位具有更大的意义。

基于她自己对检察官办公室的研究，格尼（Gurney, 1985）强调了这样一个事实，即"由于每个研究者所处的地位，一些研究者可能永远无法成功地获得受访者比表面更多的认可"。她指出，"一些研究男性主导群体的女性研究者经常发现自己正处于这样的境地，或者干脆不要试图进入某些男性主导的环境。对性别角色的期望可能会阻碍女性在该领域的工作"（Gurney, 1985: 42）。

刻板印象产生的封装过程被发现是少数民族女性（或其他少数群体）的组织经历的特征（Kanter, 1977），特别是当各自的职业是性别类型的，并且女性的存在被认为是侵入性的（Blalock, 1970; Yoder, 1991）。如果研究关系再现或模仿社会关系的一般模式，那么在性别类型背景下工作的女性研究者的也可能会出现类似的过程。

大多数关于质性研究的教学指导文献表明，新手实地研究者应该采用被动的、无威胁的、不称职的角色，在被团队接受后，转向有能力、知识渊博的专业角色，格尼举了一个很好的例子，说明在男性主导的环境下，女性或男性实现这一目标可能会有很大的不同：

> 对女性的刻板态度通常保证了她们接受天真无能的角色。……同样的态度阻碍了女性向职业角色过渡的努力。女性研究者必须特别努力，以获得一种既不具威胁性又是可信的、有能力的专业人员的形象。（Gurney, 1985: 43）

关于警察的相关研究强调了同样的模式：　　　　　　　　　　　　　　【104】

> 进入这种环境的女性研究者可能会面临与女警类似的困境。与女警察不同，研究者不一定要证明自己有能力面对暴徒或制止一场打斗，但她确实需要证明自己有足够的能力，最重要的是，值得信赖（Horn, 1997: 299）。

格尼特别关注女性研究者在男性主导的环境中可能会在多大程度上经历性别歧视言论、性别歧视行为和性骚扰，她建议：（a）女性研究者应该不仅通过外表，还应该通过展示研究技能和传达专业知识，来体现专业态度；（b）应该特别注意现场环境中的女性是如何被对待的，因为女性研究者很可能会受到同样类型行为的影响；（c）利用"不是男人"的边缘地位，这可能会增强她对环境中的偏见和歧视的意识（Gurney, 1985: 59）。

同样的，霍恩（Horn）显然从格尼的建议中获益，她在研究中发现，利用被研究者的看法对自己有利是可能的，然而，这引发了伦理问题，并影响了收集的数据。

另一个可能存在重大性别差异的方面，与军事环境的特殊性有关，涉及与这些组织内的多种情况和做法有关的保密级别。据称，诸如警察或军队之类的机构具有高度保密性，因此可能会怀疑研究者是间谍。根据亨特（Hunt, 1984）的说法，由于女性往往与清洁管理等工作联系在一起，如果研究者是女性，那么将研究者界定为间谍角色的可能性更大。

因此，重要的是要问：性别在多大程度上是军事环境中的一个重要组成部分，为什么？

军队作为一个性别组织

性别成为军事环境中的一个显著因素的原因之一是，与其他正式组织一样，军队也拥有特别明确的性别制度，即使它不如通常所设想的那样同质。根据学者们分类性别组织的标准，军队可以被认为是一个性别组织（Britton, 2000）。首先，军队的组织结构显然是基于性别划分的，无论是在机会和权力（等级划分）方面，还是在职业结构（性别分工）方面。女性被排除在某些职能之外，按职级和职能领域划分，性别代表模式也不同。其次，在数字代表性方面，男性占主导地位，尤其是在与机构核心职能更密切相关的领域，这些职能不仅赋予了更高的威望和更多的回报，而且赋予了进入更高级别的客观可能性。尽管在过去几十年中，女性在整个组织结构中的代表性显著增加，但现实的情况是，在不久的将来，男性的主导地位将继续存在。最后，从文化的角度来看，军事的霸权定义与霸权的男性文化和意识形态混为一谈，即使这种建构会随着历史的变化而变化，并且在机构内部的不同部门存在显著差异。无论如何，几个世纪以来，军队一直是性别规范概念的来源，它一方面放大了主导文化模式，另一方面积极参与其生产和再生产。因此，军队不仅仅是性别化的，它还被视为一个"性别化"、性别授予或性别定义机构（Cohn, 1993; Segal, 1999）；它像放大镜一样放大了性别的社会动态（Reynaud, 1988）。

然而，军队中的性别环境存在显著的异质性。一些单位和分支机构比其他单位和分支机构更具性别融合性，这种划分反映了男性的等级制度。科恩（Cohn）为这种多样性提供了一个具有启发性的例子。在性别和国家安全的研究中，她发现，尽管作战部队人员往往认为自己是最具"男子气概"的，但作战支援和作战勤务支援的军官们提供了不同的理解，这表明男子气概实际上是对作战士兵缺乏技术和组织技能的补偿。因此，她补充道，"在不同的部门和单位背景下，男性构建了'男子气概'结构的不同组成部分，同时他们对军队中女性的态度也存在差异"（Cohn, 1999: 35）。这就是为什么必须从男子气概之间的关系来理解军队的原因（Connell, 1987, 1995）。正是男性气质形式之间的关系——有些是身体暴力但服从命令，另一些是占据支配地位且具备组织能力——可能有助于我们理解军事组织中性别关系的现状。事实上，如果认为军事行动实际上是在传统英雄主义原型的基础上进行的，那将是不准确的和天真的。随着战争技术化，"合法暴力管理"在很大程度上建立在理性的官僚组织技术之上。由于支持功能的多样化，在现代军队中，大多数士兵根本不是战斗人员，大多数军事领导人都同意"兰博类型的人不应该驾驶我们的吉普车和补给车"（Connell, 1995）。 【106】

此外，女性的存在对军事环境的性别特征提出了挑战。自 20 世纪 70 年代中期以来，女性被排除在正规军事参与之外的历史模式受到了巨大挑战。与之前参与战争的例外情况形成对比的是，女性在和平时期开始被允许进入武装部队，并具有正式的军事地位。到 21 世纪初，所有北约国家都承认并增加了女性在其武装部队中的人数。虽然存在限制，但许多限制已经被取消；女性逐渐获准进入军事院校，并有机会获得更广泛的职位和职级，大多数军事结构中的性别意识有所提高，并制定和实施了融合政策（Carreiras , 2006, 2010）。

无论我们认为这种新的女性军事参与模式的影响有多广泛，有一点似乎是明确的：这不再像以前那样只在冲突期间发生变化。无论她们的地位有多么不平等，或在职业上如何遭受隔离和文化上的歧视，女性在武装部队中都不再处于边缘地位。在某种程度上，女性军事角色的扩大意味着对武装部队作为男性领域和男性战士范式的普遍看法的挑战（Dunivin, 1994）。

不同类型的任务也可以建立在不同性别原型的基础上，这取决于各种因素，如任务的具体目标和交战规则、部署前训练提高（或未能提高）士兵性别意识的方式、当地环境的特点以及实地军民互动的模式。

性别与实地观察：科索沃维和特派团的个案研究

为说明前面讨论的性别动态问题，我选择的是 2009 年 3 月至 9 月在北约领导框架内部署到科索沃地区的维持和平特派团中的一个葡萄牙步兵营的案例研究。这个案例研究是在一个关于"冷战"后葡萄牙武装部队的更大研究项目的框架下进行的，旨在了解该组织自 20 世纪 90 年代末以来的结构和文化调整。

借鉴皮尼的建议，我们将重点讨论"who""whom""what"和"where"等问题，分析这一研究经验，并探索性别为何重要，以及性别如何与研究过程中的其他因素相互作用。

【107】 从"如何"（how）这一问题开始讨论是有用的，也就是讨论案例研究的具体研究设计。意识到性别对研究项目的潜在影响，应该在研究的准备阶段进行有意识的选择，即研究设计的定义及其操作化。

How？研究设计和实地工作的准备

本案例研究的具体研究设计包括混合方法策略，涉及各种方法程序和工具。2009 年 2 月至 10 月，一个由一名高级女性研究员和两名初级研究员（一名男性和一名女性）组成的研究小组，跟随一个葡萄牙步兵营，从位于葡萄牙北部城市维拉雷亚尔（Vila Real）的步兵团的部署前的阶段开始，到这个步兵营完成科索沃部队战术预备队机动营（KTM）为期六个月的任务后返回家园。

在部署前的阶段，我们对该营全部 292 名成员进行了调查，与指挥官和高级军官举行了正式和非正式的会议，对不同级别、资历和职业领域的男性、女性以及选定的士兵妻子样本进行了半结构化访谈。

在部署阶段，研究小组与该营在科索沃普里什蒂纳（Pristina）的一个军营待了两周，尽可能多地参与其日常活动。这包括共享膳食和宿舍，参加野外演习，观看士兵在营地周围的常规活动，去健身房，参加酒吧和周六晚上的卡拉 OK 娱乐活动，参加常规活动和仪式以及科索沃多国部队这一层级的特殊活动，等等。我们还以正式和非正式的方式，进行了个人访谈和小组访谈。

最后，部署后的时期包括该营结束任务返回几周后，在其位于葡萄牙维拉雷亚尔总部的短暂停留。然后，再次对整个营进行了评估调查，并举行了更多的非正式会议和交流。

　　研究准备期间做出的各种决定已经纳入了性别观点。在设计研究时，我们承认性别的重要性，尤其是在需要与士兵进行更直接和更广泛接触的阶段。这一点在决定"谁采访谁"时很明显，将对参谋人员的采访分配给高级研究者（她之前的经验表明，在这个级别上，可能是由于在正式资格和权力方面的对称关系，性别影响会减弱），同时让年轻的研究者采访应征入伍人员，在可能的情况下，尽量进行同性采访。

　　鉴于实地观察期间对参与程度和关系强度方面的要求更高，因此决定【108】保留、培训和部署一个性别混合的研究团队。正如将进一步讨论的那样，这被认为对以下方面是至关重要的：稀释如果团队完全由女性研究者（研究团队的大多数）组成时可能发生的潜在封闭；促进团队的整合；减少被研究者的担忧和怀疑；并且允许有更宽阔的观察平台。

　　另一个例子是，在准备进入实地时，我们获悉了之前研究的结果，以及对部署前军队性别关系调查的结果，尤其是关于女性参加国际特派团的调查结果。

　　如果没有先前研究作为资料帮助形成的调查方案，那么几乎不可能完全预测到实地任务的发展方式，并在调查之前以理想的方式设计研究，那么，借鉴现有知识和其他学者的研究经验在这方面会有很大帮助。例如，我们试图提前协商实地考察期间的住宿安排，这样研究者就不会被安置在离军营很远的地方。军事环境非常结构化，要改变之前确定的安排和规则并不容易——尽管并非不可能。特殊情况更是如此，比如我们即将经历的实地行动任务。我们的存在不可避免地给指挥官带来了紧张，他后来承认，在处理任务要求和交战规则的同时，还要安置一群"陌生人"，保证他们的安全（而且他们的目标还不完全清楚），用他的话来说，就是让人感到"头痛"。

　　因此，在研究的准备阶段，应对军事环境中性别对研究的影响的策略包括：先前的认识、影响评估和比其他情况下更明确地调整研究选择。

What？研究的主题

这项研究旨在探索与整体研究框架相关的各种分析维度。女性在军队中的问题或女性参与任务的问题只是各种研究主题中的一个，即葡萄牙武装部队的国际化、士兵在国际维和任务中的经历、对特派团当前任务的评估（包括组织问题、日常活动、等级关系、社交能力、与其他部队和当地居民的关系、与家人的沟通等方面），以及士兵对军队及其转型的态度、职业身份和期望，以及家庭生活与军事职业之间的调解。

【109】　　　　因此，研究对性别的关注会有所减轻。这一分析层面的具体研究问题包括：男性和女性如何描述和评价国际特派团中男女混合部队的表现？他们对维和及国际任务有什么态度和理解？他们是如何协调自己的职业和家庭生活的？这些新的行动背景在多大程度上影响了人们对女性军事角色的看法？

　　　　总之，从性别角度来看，这项研究的主题并不是特别敏感，即使我们认为，与许多其他研究经验一样，性别必然会对访谈、非正式聚会和与士兵交谈时披露或隐瞒、探索或忽视的内容产生影响。

Who？研究者的社会特征
（以及对他们的性别期望）

　　　　研究小组由三名不同年龄和资历的研究者组成：一名四十多岁的资深研究员，是研究的协调员；一名年轻的女性研究助理和一名同样年轻的男性研究员，两人的年龄都快二十岁了。如前所述，这种组合的选择并不是任意的：一个混合性别的研究团队，包括一名年轻的男性研究者，对于我们希望树立的"社会学家"形象至关重要，这些"社会学家"是来分享他们在科索沃的实地经验的，并避免在只有女性研究员的情况下可能产生的封装效应。事实上，我们在营地被分配了不同的宿舍空间，这是一种直接的"性别效应"，对于扩大营内日常活动的可视区域和观察平台非常重要。

　　　　"研究者的性别"效应是在各种情况下产生的。

　　与其他在军事环境中的研究经历一样，我们认为当采访者是女性时，让男性谈论情感和亲密问题更容易。例如，他们中的许多人似乎都喜欢有机会在这个离家很远的地方表达对家庭和婚姻关系的担忧，这引发了与之相关的紧张和焦虑；与女性研究者在一起时，他们关于这方面的谈论比和男性研究者在一起时更广泛。

　　另一个例子涉及高级女性研究者的特殊地位。鉴于她之前在女性融入武装部队方面所做的研究工作，人们暗中期望她成为性别融合的支持者：女性利用她表达不满，有时过分强调融合过程中的问题或困难；但至少在某些情况下，这种期望也有助于建立同谋关系。就男性而言，他们则倾向【110】于避免负面地提及女性，但这并没有阻止他们中的很多人对女性在战斗中的问题或浪漫关系对执行任务的影响表现出批评态度。然而，这种观点总是有正当理由的。然而，有趣的是，这一军队性别研究的记录——一个所谓的"软"话题——并没有提高这位高级研究员作为军事研究专家的地位。她的可信度经常受到考验。然而，由于这位年轻的男性研究者也面临同样处境，她对军事世界的一无所知的期望与性别的关系可能比人们预期的要小；在这种情况下，这可能更多是由另一个结构性要素的运作导致的：我们是平民，没有人在军队服役。正如卡斯特罗在他的军事学院学员的实地考察中所指出的那样（在本卷的章节中提到过），平民是一项军事发明，是质性研究者在军事机构里有别于军人的一个特征。

　　但除了研究者和被研究者之间的主要地位差异外，我们的多维地位特征（年龄、性别、权威）有助于建立关系并建立各种联系。研究者以不同的步伐、节奏，在不同的时刻与研究对象建立了接触和融洽的关系；在一些群体中，这种情况几乎没有发生，而在另一些群体中，发生的较为广泛。尽管如此，不同的角色和复杂性都是在这些不同的地位特征的基础上发展起来的。

Where？物理和社会空间与研究背景中的性别文化

　　有人认为，维和任务是军队受到"去性别化"过程影响的环境，即重新定义士兵角色，以纳入额外的人道主义层面，在此基础上，新的关系、沟通技能和能力受到重视，从而克服了传统的性别原型，这种原型通常在极端作战环境中更为明显。例如，在南欧进行的研究表明，参与维持和平特派团的人数增加，导致某些部门的军事人员重新定义了传统专业角色的内容（Batistelli, 1997; Carreiras, 1999, 2011）。

然而，研究结果也存在矛盾。虽然大多数关于性别与维和的研究都强调了成功执行任务与女性参与增加之间的关系（Karamé, 2001; Hendricks and Hutton, 2008; Bridge and Horsfall, 2009），也有其他学者强调维和人员角色建构的文化矛盾，以及这一过程带来的紧张局势，认为这可能对任务表现产生负面影响（Sion, 2008）。

就我们所跟随的营而言，女性在部队中的比例为 11.4%，与军事行动中通常较低的女性比例相比，这一比例可以被认为已经很高了。[1] 女性人数 **【111】** 众多，再加上这是一个低强度的任务，从性别关系的角度来看，这可能解释了我们所经历的相当轻松的氛围。但这并不意味着性别问题被永久地"解决"了。研究者遭遇的最具挑战性的情况之一，是士兵们以明确的性别理由对我们进行了测试。在营地的第一次星期六卡拉 OK 聚会上，"社会学家"被叫到舞台上唱一首非常具有亵渎意味的"性化"流行歌曲。困境如下：一方面，我们知道这是获得准入和信任的一个决定性考验，尤其是在入伍人员中，如果不这样做，可能会对我们的融入和被接受产生负面影响；另一方面，研究者对这种情况感到明显的不适，尤其是女性研究者。当年轻的男性研究者演唱这首歌时，女性研究者通过无声的舞蹈表演克服了这个困境。考试成功通过了，我们的"勇气"受到了赞扬。

就物理空间而言，我们发现在外地执行任务的背景下，现有的隔离模式受到破坏的情况并不少见，例如拥有更多没有军衔限制的公共空间。例如，我们发现在女性宿舍区有共用的卫生设施，这在葡萄牙军队中极为罕见。然而，作为军事组织核心支柱之一的等级制度仍然清晰地显示出来。我们被要求与使用不同食堂的军官和士官一起吃饭。开始我们觉得如果能享受更多的自由，与入伍士兵一起分享用餐时间，将会是一件很有趣的事情，但这显然不是一个可以协商的问题。我们处于指挥结构的控制和监督之下；对这一安排提出质疑会受到军官的怀疑，也可能被部队视为侵扰。

女性宿舍是一个更自由的空间。由于后勤方面的限制，所有女性（军官、士官和士兵）都被安排住在一起。这就造成了有更多直接接触的机会。有一天，我们坐在宽阔的走廊上，进行了一次相当开放的小组访谈，没有使用给我们安排的更正式的半结构化访谈空间。因为我们的性别地位，这种接近性才是有可能的，它使我们能够克服等级划分的显著性；如果空间安排有所不同，参与者就会强烈感受到等级差别。

但是，另一方面，就营地周围的活动而言，士兵们对两名女性研究者的担忧要比男性研究者更为明显，后者可以有更多的行动自由。正如其他研究者指出的那样，女性可能被认为威胁较小，但这也可能使她扮演了需要更多帮助和照看的角色。在这里，我们所有人再次感到，准入或控制的【112】问题不仅源于我们的性别地位，而且显然源于这种性别地位与我们作为"平民"的地位之间的相互作用。

结　　论

由于军事组织被定义为性别组织，因此性别会以特定方式影响军事背景下的研究。关于男性占主导地位的职业的相关研究表明，性别变量对实施研究产生了更大的影响。在本章中，我们回顾了性别可能在研究中发挥作用的各个方面，并利用对科索沃维持和平特派团的社会学研究，就性别对军事环境中的研究的具体影响提供了说明性的经验证据。

我们坚持认为，虽然在军事环境中的研究关系中不可能避免"性别效应"，但研究关系的性别化程度或多或少取决于认知的、社会的各种因素的相互作用。这包括以下方面：（a）方法策略和研究设计；（b）研究者和被研究者的性别，以及与其他地位特征的相互作用方式：年龄、资历和权威、种族等；（c）对研究对象和研究环境的性别背景的性别理解；以及（d）研究的性别重点。正是这些因素的相互作用，而不仅仅是其中任何一个单独的因素，产生了性别对研究的具体影响模式。

因此，要识别和控制性别影响，需要对背景进行敏感的分析，考虑到性别对研究过程的影响的各个方面。正如洪达尼奥·索特洛（Hondagneu-Sotelo）所说，"通过承认选择和做出选择的社会背景，研究者可以识别偏见，监控其对数据的影响，并进行更清晰的分析"（Hondagneu-Sotelo，

1988)。

要做到这一点，一个方法就是在研究的整个发展过程中以及从研究的准备阶段开始，谨慎地运用社会学的自反性。

测试"如果"条款可能是这一努力的一个很有希望的途径。例如，可以提出这样一个假设：如果研究主题对性别不是特别敏感的，如果背景不是特别性别化的，如果研究目标不需要完全沉浸式的方法论策略，如果为研究者和被研究者之间的敏感交流与信任创造了条件，性别很可能不会产生强烈的影响。相反，如果所有相反的"如果"条款都成立，那么性别可能会对研究产生非常深远的影响。介于两者之间的情况，将因这些因素的不同组合而出现。因此，研究者面临的挑战是在整个研究过程中明确纳入性别影响评估和自反性。

【113】 **注释:**

1. 女性在军事任务中的参与程度差别很大，但总体而言，维持和平任务军事部分中的女性比例仍然远远低于她们在各自国家武装部队中的比例。联合国维持和平行动部(UNDPKO)的数据显示，在这些特派团中，女性仅占军事人员的1%到4%(UNDPKO，2010)，而女性在军队中的比例上升到了20%(Carreiras，2010)。

参考文献:

Babbie, E. (2007) *The Practice of Social Research*, 11th edition, Belmont, CA: Thomson Higher Education.

Battistelli, F. (1997) "Peacekeeping and the Postmodern Soldier, " *Armed Forces and Society* 23(3): 467-484.

Becker, H. (1996) "The Epistemology of Qualitative Research, " in R. Jessor, A. Colby and R. Shweder(eds.), *Ethnography and Human Development: Context and Meaning in Social Inquiry*, Chicago: University of Chicago Press, pp. 53-71.

Bell, D. , Caplan, P. and Karim, W. (eds.)(1993) *Gendered Fields - Women, Men & Ethnography*, London: Routledge.

Blalock, H. (1970) *Towards a Theory of Minority Group Relations*, New York: Capricorn.

Bridge, D. and Horsfall, D. (2009) "Increasing Operational Effectiveness in UN Peacekeeping: Toward a Gender-Balanced Force, " *Armed Forces & Society* 36(1): 121.

Bourdieu, Pierre(1993)*La Misére du Monde*, Paris: Seuil.

Britton, D. (2000), "The Epistemology of Gendered Organizations, " *Gender & Society* 14(3): 418-434.

Burgess, R. (1984)*In the Field-An Introduction to Field Research*, London: Unwin Hyman.

Carreiras, H. (1999)"O que Pensam os Militares Portugueses do Peacekeeping?" *Estratégia* 14: 65-95.

Carreiras, H. (2006) *Gender and the Military: Women in the Armed Forces of Western Democracies*, London: Routledge.

Carreiras, H. (2010)"Women in the Armed Forces of Western Democracies, " in J. Buckley and G. Kassimeris(eds.), *Ashgate Research Companion to Modern Warfare*, London: Ashgate.

Carreiras, H. (2011) " Gendered Culture in Peacekeeping Operations, " *International Peacekeeping* 17(4): 471-485.

Cohn, C. (1993) "Wars, Wimps, and Women: Talking Gender and Thinking War, "in M. Cooke and A. Woollacott(eds.)*Gendering War Talk*, Princeton, NJ: Princeton University Press, 227-246.

Cohn, C. (1999) *Wars, Wimps and Women: Gender in the Construction of US National Security*, Berkeley, CA, manuscript.

Connell, R. (1987) *Gender and Power: Society, the Person and Sexual Politics*, Stanford: Stanford University Press.

Connell, R. (1995)*Masculinities*, Berkeley, CA: University of California Press.

Deutsch, F. M. (2007)"Undoing Gender, " *Gender & Society* 21(1): 106-127.

Easterday, L., Papadermas, D., Schorr, L. and Valentine, C. (1977) "The Making of a Female Researcher: Role Problems in Field Work," *Urban Life* 6: 333–348.

【114】 Elwood, S. and Martin, D. (2000) "Placing Interviews: Location and Scales of Power in Qualitative Research," *Professional Geographer* 52(4): 649–657.

Finch, J. (1984) "It's Great to Have Someone to Talk to: The Ethics and Politics of Interviewing Women," in C. Bell and H. Roberts (eds.) *Social Researching: Politics, Problems, Practice*, London: Routledge.

Golde, P. (ed.) (1986) *Women in the Field – Anthropological Experiences*, Berkeley, CA: University of California Press.

Gurney, J. (1985) "Not One of the Guys: The Female Research in a Male – dominated Setting," *Qualitative Sociology* 8(1): 42–62.

Hendricks, C. and Hutton, L. (2008) "Defence Reform and Gender," in M. Bastick and K. Valasek (eds.) *Gender and Security Sector Reform Toolkit*, Geneva: DCAF, OSCE/ODIHR, UN-INSTRAW.

Hondagneu-Sotelo, P. (1988) "Gender and Fieldwork," *Women's Studies Int. Forum* 11(6): 611–618.

Horn, R. (1997) "Not One of the Boys: Women Researching the Police," *Journal of Gender Studies* 6(3): 297–308.

Hunt, J. (1984) "The Development of Rapport Through the Negotiation of Gender in Field Work Among Police," *Human Organizations* 43: 283–296.

Jessor, R., Colby, A. and Shweder, R. (eds.) (1996) *Ethnography and Human Development: Context and Meaning in Social Inquiry*, Chicago: University of Chicago Press.

Kanter, R. (1977) *Men and Women of the Corporation*, New York: Basic Books, Inc.

Karamé, K. (2001) "Military Women in Peace Operations: Experiences of the Norwegian Battalion in UNIFIL 1978 – 98," in L. Olsson and T. L. Tryggestad (eds.) *Women and International Peacekeeping*, London: Frank Cass, 85–96.

Lee, D. (1997) "Interviewing Men: Vulnerabilities and Dilemmas," *Women's Studies International Forum* 20(4): 553-564.

McDowell, L. (1998) "Elites in the City of London: Some Methodological Considerations," *Environment and Planning A* 30: 2133-2146.

McKee, L. and O'Brien, M. (1983) "Interviewing Men: Taking Gender Seriously," in E. Gamarnikow, D. Morgan, J. Purvis and D. Taylorson (eds.) *The Public and the Private*, London: Heinemann, 147-161.

Merton, R. (1972) "Insiders and Outsiders: A Chapter in the Sociology of Knowledge," *American Journal of Sociology* 78: 9-47.

Oakley, A. (1981) "Interviewing Women: A Contradiction in Terms," in H. Roberts(ed.) *Doing Feminist Research*, London: Routledge, 30-61.

Padfield, M. and Proctor, I. (1996) "The Effect of Interviewer's Gender on the Interviewing Process: A Comparative Enquiry," *Sociology* 30: 355-366.

Pini, B. (2005) "Interviewing Men: Gender and the Collection and Interpretation of Qualitative Data," *Journal of Sociology* 41(2): 201-216.

Renzetti, C. and Lee, R. (eds.) (1993) *Researching Sensitive Topics*, London: Sage.

Reynaud, E. (1988) Les Femmes, la Violence et l'Armée, Paris: Fondation pour les Études de Defense Nationale.

Ridgeway, C. and Correll, S. (2004) "Unpacking the Gender System: A Theoretical Perspective on Gender Beliefs and Social Relations," *Gender and Society* 18(4): 510-531.

Riessman, C. (1987) "When Gender Is Not enough: Women Interviewing Women," *Gender and Society* 1(2): 172-207.

Riessman, C. (1991) "When Gender Is Not Enough: Women Interviewing Women," in J. Lorber and S. Farrell (eds.) *The Social Construction of* 【115】 *Gender*, London: Sage, 217-236.

Scott, S. (1984) "The Personable and the Powerful: Gender and Status Is Sociological Research," in C. Bell and H. Roberts(eds.) *Social Researching: Politics, Problems, Practice*, London: Routledge & Kegan Paul.

Schoenberger, E. (1991) "The Corporate Interview as a Research Method in Economic Geography, " *Professional Geographer* 43(2): 180-189.

Schwalbe, M. and Wolkomir, M. (2001) "The Masculine Self as Problem and Resource in Interview Studies of Men, " *Men and Masculinities* 4 (1): 90-103.

Segal, M. (1999) "Gender and the Military, " in J. Chafetz, *Handbook of the Sociology of Gender*, New York: Kluwer Academic/Plenum Publishers, 563-581.

Sion, L. (2008) " Peacekeeping and the Gender Regime: Dutch Female Peacekeepers in Bosnia and Kosovo, " *Journal of Contemporary Ethnography* 37(5): 561-585.

UN Department of Peacekeeping Operations (UNDPKO) (2010) *Gender Statistics as of February* 2010. Online. Available at: www. un. org/en/peacekeeping/contributors/gender/2009gender/feb09. pdf.

Warren, C. (1988) *Gender Issues in Field Research*, Newbury Park, CA: Sage Publications.

Warren, C. and Rasmussen, P. (1977) "Sex and Gender in Field Research, " *Urban Life* 6(3): 349-369.

Wax, R. (1979) "Gender and Age in Fieldwork and Fieldwork Education: No Good Thing Is Done by Any Man Alone, " *Social Problems* 26: 509-522.

Whitehead, T. and Conaway, M. (1986) *Self, Sex and Gender in Cross-cultural Fieldwork*, Urbana: University of Illinois Press.

Williams, C. and Heikes, J. (1993) "The Importance of Researchers' Gender in the In-depth Interview: Evidence from Two Case Studies of Male Nurses, " *Gender and Society* 7(2): 280-291.

Yoder, J. (1991) "Rethinking Tokenism: Looking Beyond Numbers, " *Gender and Society* 5(2): 178-192.

8 在军事组织内部研究斯洛文尼亚武装力量的经历

扬贾·乌加，杰丽娜·朱万

引　言

　　如今被称为"质性"的方法已经被使用了几个世纪，尽管它有不同的名 【116】
称(如田野调查、民族志等)。几个世纪以来，人类学家和社会学家一直在
使用参与观察，他们认为深入了解人们的态度、关系等的最佳方式是与人
们生活在一起并观察他们。研究军事组织已经被证明是极具挑战性的。例
如，要获得进入这样一个组织的许可是非常困难的，而获得访问某些特定
单位(特种部队，军事情报部门)的准入权限则更加困难。即使进入了军
队，研究者还面临着另一个障碍，即获得男军人/女军人的信任。研究者
的出现本身就带来了另一个问题。当军队中有"入侵者"时，几乎不可能确
保军队的"正常"运作。如果研究员是军事组织的成员，这一点可以部分得
到克服。然而，这也可能会引发信任问题，因为其他男军人/女军人在与
同一机构的人讨论他们的问题时可能会有所保留，因为他们担心这些信息
会被传递给他们的上级。这可能是一个问题，特别是当研究者的级别更高
的时候。同时，当研究者也是被研究人群中的一员时，公正性的问题也出
现了。斯洛文尼亚武装部队(Slovenian Armed Forces, SAF)中也存在类似的
情况，男军人/女军人在需要帮助时会对咨询军事心理学家有所保留，因
为每次咨询都会记录在他们的个人档案中，因此可能会影响他们未来的军
事生涯。来自外部研究机构的文职和中立研究者的存在可能会解决一些问
题，但同时也可能引发研究军事组织的一些其他问题和困境。本章描述并

进一步探讨了研究斯洛文尼亚武装部队时遇到的一些问题。

【117】 ## "理论上"的质性分析

质性研究不同于定量研究。定量分析的目的是获得准确、可靠和客观的认识，而质性分析的目的是发现新的关系；研究对象以他/她自己的视角进入研究者的意识，从而激发研究者的自我反思(Huzjan, 2004: 187)。定量分析旨在验证或反驳现有理论，而质性分析通常是从现场收集的数据中提炼理论(例如，扎根理论)。克雷斯韦尔(Creswell, 1998: 15)将质性分析定义为一个过程，在此过程中，研究者通过分析故事和自己的观察来获得全貌，同时试图在自然环境中领导研究。但是，第一个问题是在研究环境中定义所谓的自然环境时发生的，这实际上是不可能完成的任务，因为每个研究在其过程中都会产生不自然的情况。这意味着，研究者连同作为研究对象的概念，都产生了不同于通常("正常")的情况(Kogovšek, 1998: 24)。这并不一定意味着该研究是无效的或非客观的(Alasuutari, 1995: 94)。为了接受这一点，有必要克服定量分析中使用的方法论方法。

尽管质性方法历史悠久，并且在一些学科(例如，社会学、人类学等)中经常使用，但一些理论仍然对质性研究方法收集的数据的效度和信度存在争议。[1] 质性研究的特点是其整体性，因为对观察对象进行的不是局部观察而是整体观察(Taylor and Bogdan, 1984)。它应该是自然主义的，这意味着研究者不应该干扰被观察者群体的自然过程。然而，后者与其说是现实，不如说是理想，因为当人们被观察或被研究时总是会改变自己的行为(Kogovšek, 1998: 52)。此外，质性研究是归纳性的，研究者根据他们在该领域的经验，发现新的理论和概念。自然地，研究者意识到，他或她自己的文化背景、偏见、信仰、宗教等会影响对被观察者及其之间关系的理解。在使用质性分析时，还应该意识到，这项研究不能重复(Kogovšek, 1998: 54)，因为社会现实在我们说话的时候，就已经发生了改变。通过实地调查获得的结果总是受制于研究者的观察对象愿意分享的内容。此外，纽曼(Neuman, 1994: 357)强调，重复研究的能力并不能证明其有效性，因为当从整体上观察社会互动或社会时，重复是不可能的。阿拉苏塔里

（Alasuutari, 1995: 92）将研究者对某种情况的解释的有效性与他或她逻辑地解释人们为何以某种方式做出反应的能力联系起来。

可以确定有几个因素影响了通过质性方法获得的数据的效度。其中之一是研究者与研究对象之间的关系（Kogovšek, 1998: 63）。在参与观察的情况下，研究者的在场将明显影响个人的行为以及被观察群体成员之间的互动。观察可以分为两种类型，"参与"观察和"非参与"观察。[2]观察方法适用于观察特定人群的习惯、关系、态度以及他们之间的互动等。然而，研究者应考虑到这些发现不能应用于其他人群，也不能被推广。参与观察使得研究者可以使用不同方法，包括定量和质性方法，从而可以更好地理解某种现象。 【118】

理解男军人/女军人"心灵和思想"的方法

对军事组织的研究表明，由于军队环境的封闭特点，使用多种方法是至关重要的。获得军事组织的准入许可非常困难，鼓励男军人/女军人与研究者合作并分享他们的问题则更加困难。研究者无法判断他们的回答是否诚实，因此观察可能被认为是评估所获取数据可靠性的一个有用工具。除此之外，研究者永远无法在军营内自由活动或进入所有地方。还应考虑到提供给研究者的"故事"通常是经过充分准备的。然而，即使有一些明显的限制，军事隔离墙内的观察也可以帮助研究者创建更清晰的图像，并提高他们对通过其他方法收集的信息的理解。参与观察也有助于制定访谈框架（Dean et al., 1969）。

一种可以成功地将观察与参与结合起来的方法是面谈，这是一种面对面的访谈，由于受访者和研究者在一起的时间非常有限，因此第一印象尤其重要。结构化访谈[3]是质性和定量方法中都已知的一种方法，经常用于研究军事组织，尤其是当有几百名受访者的样本时。它也可以用来比较几个人对特定主题的看法（Vogrinc, 2008: 107）。通过这种方法收集的数据可以很容易使用预定义的类别进行编码和解释（Fontana and Frey, 1994）。另一方面，当我们想要获得个人的意见、态度、观点时，我们使用非结构化访谈。研究者大致准备了需要讨论的内容，没有具体问题。仍然要遵守一

条规则，研究者不应发表自己的意见，应该保持中立，不参与讨论
【119】 (Kogovšek, 1998: 33)。然而，丰塔纳和弗雷(Fontana and Frey, 1994)的观点恰恰相反，他们认为研究者应该积极参与访谈，以确保可靠性和诚实性。在结构化访谈和非结构化访谈之间，是半结构化访谈，这意味着研究者有一个基本的主题列表，但是问题的确切措辞及其顺序是在访谈过程中形成的(Kogovšek, 1998: 31)。此外，萨加丁(Sagadin, 1995: 318)、塔沙克里和特德莱(Tashakkori and Taddlie, 1998: 102)开发了一种特殊类型的访谈，这种访谈整合了结构化和非结构化访谈的一些特征，即所谓的漏斗策略(Vogrinc, 2008)。与后者一致的是，研究者从一般性问题开始，逐渐过渡到较复杂和封闭的问题，直到访谈结束。研究者因此创造了一个轻松的环境，并让受访者有准备的时间，以便应对更困难的问题。巴顿(Patton, 1990)定义了另一种访谈类型，它介于结构化访谈和半结构化访谈之间，即所谓的**标准化开放式访谈**(standardized open-ended interview)。以相同的顺序向所有受访者提出相同的问题。这些问题是开放的，这代表了标准化开放式访谈和标准化访谈之间的主要区别。为了预先测试问卷或在现场进行深入分析，可以使用小组访谈。小组访谈的具体特点是广泛听取意见，使研究者得出更明确的结论，更好地理解某些现象(Fontana and Frey, 1994)。研究者必须是经验丰富的，知道如何让团队中的每一位成员都参与到讨论中，包括那些不太健谈的人。小组访谈是重要的信息来源；它们具有灵活性、累积性和相对便宜的特点。然而，研究者需要防止某些被采访者站出来把自己的观点强加给小组中的其他人。当小组中的一些成员不愿意在其他人面前分享他们的意见时，也会出现类似问题(同上)。后者相对经常发生在与军事组织成员进行小组访谈的情况下。

经过多年对军事组织的分析，根据斯洛文尼亚武装部队的研究经验，我可以确定，标准化开放式访谈与结构化访谈和参与式观察相结合，能够产生最佳洞察，并能够实现对军事组织的深入分析。通过使用多种方法组合的方式，军人受命参与调查所带来的影响问题被最小化。

尽管做了很多努力，但访谈并不是获取数据的中立工具。答案会受到环境的影响；在社会科学中，研究者的个人属性是非常重要的(例如，性别、种族背景、社会阶层等)(Kogovšek, 1998: 29)。此外，科科夫斯克

（Kogovšek, 1998: 34）指出，社会分层可以在访谈中反映出来。邓津（Kogovšek, 1998: 34）声称，访谈受到既定性别身份影响，因此信息也受到这些身份的限制。当谈到军事组织时，性别尤为重要。但是，这取决于进【120】入武装部队的男女比例、两性之间的关系以及研究单位内的性别比例。在大多数武装部队中，战斗部队仅由男性组成，因此这些部队在男性环境中发展。众所周知，军事组织是高度男性化的，这意味着在大多数情况下，男性觉得自己比女性优越。当有一位女性访谈员和一位男性受访者时，角色转变就发生了（同上）。研究对象可能不尊重女性研究者，或者他们甚至可能不认真对待研究，从而使他们的回答变得无关紧要。相反，一些作战部队的成员，由于他们的高度男性化倾向，可能会更好地接受女性研究员而不是男性研究员，并且在她面前感到更放松。他们也可能从她身上看到自己的母亲、配偶或姐妹的影子，从而形成积极的参与态度。

此外，在军事组织中，访谈地点非常重要。毫无疑问，轻松环境中组织的教师访谈与军营中组织的访谈相比，结果会有所不同。在任何情况下，军事组织的成员都代表他们的机构，因此他们的回答会受限于某些规则和规定。在营房里进行访谈可能会导致一种更为保守的态度。就军事组织而言，营造一个能够激发信任的环境，让受访者能够轻松地讨论相关话题，这一点非常重要。这需要一名训练有素、经验丰富的研究者。一个军事组织的成员只能根据上级的直接命令参与研究，这意味着永远无法确定他们究竟是否愿意合作，或者仅仅是因为上级的命令才这样做。这一困境尤其突出，因为受访者对自己在研究中所扮演角色的看法会显著影响他们的答案，进而影响分析结果。在与军人进行访谈时，研究者还需要考虑这样一个事实，即观察对象可能不会说出全部真相，也不会暴露与研究主题相关的个人想法或信念。武装部队成员以其组织的名义发言，即使在空闲时间，他们也代表其军事组织。军事社会化是某一组织内最强大的社会化形式之一，作为武装部队的一员在士兵身份中占有很高的地位。

在研究斯洛文尼亚武装部队时，研究者的性别并没有被认为是研究的一个障碍，女性研究者也没有报告遭受男性军人的任何不尊重对待。相反，女性研究者发现她们的性别有一个好处，因为军人更愿意向女性研究者"敞开心扉"，并提供有关其个人和家庭问题的更多见解。

【121】 三角测量方法和研究者的影响

三角测量可用于更好地理解某些数据，或用于从不同角度查看情况。在社会科学领域，无法保证研究为我们提供可靠有效的数据（Kogovšek，1998：69）。弗雷恩克尔和瓦伦（Fraenkel and Wallen，2006：462）声称，很大一部分结果取决于研究者进入过程中的期望、想法、怀疑、偏见等。科科夫斯克（Kogovšek，1998：69）声称，多种方法的使用揭示了社会现实的不同层面，从而得出结论，即各种方法的同时应用导致研究者对观察到的现象做出正确解释的概率更高。根据邓津的说法（Kogovšek，1998），这可以称为方法、研究者、理论和数据来源的三角测量。在研究 SAF 的背景中，我们强调方法和研究者的三角测量。

邓津（Kogovšek，1998）定义了两种类型的三角测量方法，即方法之间的三角测量和方法内部的三角测量。分析定量方法收集的数据，我们通常使用内部三角测量法。[4]同时，我们使用了方法间三角测量法，该方法设定在分析同一样本时使用多种方法，例如用于研究斯洛文尼亚武装部队在和平行动中的参与情况。然而，研究者需要记住，社会是流动的，并且是不断变化的，因此，即使用不同方法观察同一现象，也不会自动产生相同的结果（Lincoln and Guba，1985）。此外，我们还试图通过使用不同的研究者来获得对同一种情况的各种解释。研究者对环境的感知取决于个人经验，并基于他们的主体性。因此，每个人可能会对情况有不同的看法，或者强调不同的姿态、符号或反应。林肯和古巴（Lincoln and Guba，1985：307）声称，这种方法的主要缺点在于研究者的视角不同。这些学者声称，不同的研究者不可能以相同的方式解释某种情况。因此，一位研究者的发现无法证实另一位研究者的发现。然而，如果考虑到这些限制因素，研究者三角测量的积极方面将会战胜消极方面。[5]

除了三角测量外，弗雷恩克尔和沃伦（Fraenkel and Wallen，2006：462）还建议对收集的陈述和描述进行交叉检查。为了检查个人观点的一致性，研究者可以对同一个人进行多次访谈。为了避免误解并确保更高水平的效度和信度，建议采取一些额外的保障措施：理解并会说被观察群体的语言；使用磁带录音机甚至摄像机；记录研究者在研究过程中的想法和观察；提出其他问题；由被研究的个人/小组或中立个人审查最终的研究报告；记录有关访谈的确切信息(同上)。

研究者的角色(The role of the researcher) 【122】

研究者在质性分析中的作用比在定量分析中重要得多。对于前者，研究者是研究环境的一部分，他/她可以或多或少地参与其中。科科夫斯克(Kogovšek, 1998: 55)强调，决定以下这些问题十分重要：研究者将在多大程度上揭示研究的维度，他/她将在研究环境中投入多少时间，研究者怎样积极参与，等等。无论如何，研究者的出现都会对人们的行为产生一定的影响。研究者还需要经过"守门人"的同意[6](同上)。就军事组织的例子而言，他们通常是军官甚至级别更高的军官。通常，他们的目的是使组织"看起来不错"。因此，他们可能会直接影响武装部队的其他成员，或间接向他们展示预期的行为。相应地，军官发挥双重作用；一方面，他们命令下属参与研究，另一方面，他们对下属施加公开的或隐藏的限制。可以预料，这种情况会对被观察群体的动态和个人行为产生一定的影响。无论如何，获得高质量信息的最重要因素是被研究者对研究者的态度(Kogovšek, 1998: 56)。

"现场"质性分析(Qualitative analysis 'in the field')

卢布尔雅那大学社会科学学院国防研究中心自1991年斯洛文尼亚武装部队成立以来，就一直在研究SAF。然而，国防研究中心在研究军事组织方面的经验，通常可以追溯到更久远的过去。因此，它在成功和失败的基础上获得了一些有用的经验，这有助于国防科学的发展。国防研究中心最早参与的首批重大项目之一是一个名为"全民防御和社会自卫的政治制度准备"[7]项目，该项目从1983年持续到1989年。由于全民防御和社会自卫的概念已经过时，该项目的研究结果不再适用，但该项目在研究国防系统和军事组织方面获得的经验对于斯洛文尼亚国防科学的发展是非常宝贵和有用的。1990年，开展了一个名为"领土防卫和军事职业"的项目。它在斯

【123】 洛文尼亚首次将查尔斯·莫斯科斯的方法运用于军队的机构和专业社会组织（Jelušič and Grizold, 2008: 197）。从那个时候开始的第二个项目是基于美国的实证研究《1941—1945 的美国士兵》。该项目题为"斯洛文尼亚士兵：与 YPA 直接作战的领土防卫部队成员"[8]。这两个项目都采用了定量方法。它们的主要贡献在于将外国的概念和理论应用于斯洛文尼亚的环境。1992年，一个名为"斯洛文尼亚国家安全"的五年项目启动，其中包括两项大型实证研究：《斯洛文尼亚军事职业的现状和未来》（1993—1994 年）和《国家安全与国际关系》（1994—1995 年），这两项研究后来发展成为测量公众对国家安全问题看法的常规形式（Jelušič and Grizold, 2008: 199）。斯洛文尼亚纵向民意调查使我们有机会观察公众对安全问题的态度，包括不断变化的文化模式和现实问题。1995 年，另一个名为"当代社会的军民关系"的项目启动。2004 年后，作为"科学与和平知识"国家研究计划一部分的研究项目的数量有所增长。它们由斯洛文尼亚共和国国防部和斯洛文尼亚研究机构资助。其中包括几个正在进行的与苏丹武装部队有关的项目。这几个项目[9]增加了洛文尼亚武装部队质性研究的经验。

从 2003 年至 2008 年，在处理斯洛文尼亚武装部队参与和平行动的长期研究项目中获得的有关经验，对于在研究军事组织时采用质性方法的适用性的辩论非常有用。这项研究不仅使用了几种不同的方法，而且研究的科学基础也建立在从研究中获得的见解之上，这些见解是基于著名的美国社会学家查尔斯·莫斯科斯关于 2000 年 9 月参加马其顿和科索沃猎鹰特遣部队的美国士兵的研究。这项研究采用了多种方法：实地观察、访谈和320 名士兵的标准化问卷调查。上述关于 SAF 和平行动方面的长期研究，由三个主要研究项目组成。[10] 作为进一步使用质性方法的一个重要因素，是将任命到国际总部的 SAF 成员纳入研究。在研究被任命到世界各地几个国际总部的 SAF 成员时，采用了标准化开放式访谈。为在和平行动中开展SAF 研究而准备的主要方法概念，实际上是若干定量和质性研究方法的结合。所有调查都提供了三个时间点的测量结果：任务前、任务中和任务后。三次时间测量对于观察士兵的动机、行为、士兵之间的关系等方面的变化非常有用，而这些变化是无法仅仅通过一次测量来识别的。2007 年以

【124】前，当 SAF 有史以来首次派遣整个营参加和平行动时，在任务前和任务期

间使用半标准化(自我管理)问卷进行测量,而任务后的最后一次测量使用的是面对面的、半结构化访谈。2007 年以后,在任务完成后,也使用半标准化问卷进行测量。任务期间的测量是在战区进行的。在研究小组访问期间,还进行了参与观察,作为收集数据和关键信息的方法之一。在任务区,还进行了面对面的半结构化访谈,主要访谈了指挥官和被招募到特派团总部的 SAF 成员。

第二个非常重要的项目是 2004 年至 2006 年开展的"军队人力资源"项目,该项目对关于在研究军事组织时使用质性方法的辩论做出了重大贡献。该项目旨在确定斯洛文尼亚年轻一代投身于军事职业的价值体系。它分析了那些将部分业余时间用于军事训练的人(义务服务志愿者和预备役成员)的价值观和工作满意度。它还重点关注了 SAF 的士兵维持问题(Jelušič and Papler, 2006: 9)。该项目包括 8 个研究小组和 30 名专家,研究对象为 3 100 名平民和 2 200 名服役人员。该研究采用了不同研究方法的组合,以便获得尽可能准确的结果。

在国防研究中心,旨在观察 SAF 的各种研究中的三角测量方法,已被用于几个研究项目。通常,结构化访谈和标准化开放式访谈与参与观察/非参与观察相结合,也与小组访谈相结合。合并使用这些方法让我们有机会了解标准化问卷中收集的某些数据,同时也考虑到作为研究对象的群体的个人经验。例如,关于 SAF 参与的大多数结果表明,在部署期间,士兵对食品质量的不满程度很高。对于研究团队来说,如果只考虑从标准化问卷中收集的结果,就很难理解这个问题。在与一些斯洛文尼亚武装部队成员的个人访谈中,士兵们进一步阐述了这一问题,提供了更多信息,以便研究小组能够理解为什么部署期间的食品问题被证明几乎是每个部署到国外执行任务的斯洛文尼亚武装部队最成问题的问题。研究者在访问任务地区时获得了有关情况的更多信息,可以解释为,对食物的不满实际上是男军人和女军人正在处理的一系列其他问题的体现。

研究军事组织时的主要问题   【125】

根据上述研究 SAF 的经验,可以提出几个问题。其中一些是一般化的，而且可能是任何其他军事组织都具有的特征，而另外一些问题则是 SAF 特有的。

第一，民间研究机构进入军事组织的问题。根据定义和传统，军事组织是非常封闭的。进入军事组织的规则是严格的、被详细规定的。作为一个传统组织，军事组织不太热衷于关注来自外界的任何变化，它的建立和组织方式是尽可能减少来自环境的任何影响。斯洛文尼亚武装部队没有自己的内部研究机构，因此对 SAF 的内部研究只能委派外部民事机构进行，必须通过公开招标来邀请（和选择）这些研究机构。这种类型的项目由国防部提供资助，在某些情况下，还由斯洛文尼亚研究机构提供资助。因此，研究必须引起国防部和 SAF 的兴趣。最值得注意的是，国防部和 SAF 仅准备资助他们感兴趣的主题和问题，而不是外部研究组织认定和确定的重要主题和问题。例如，军人家庭问题在研究中以及在男军人和女军人中都被认为是重要的；然而，在前几年，没有任何研究主题引起 SAF 高层的兴趣，因此没有为此分配资金来源。另一方面，也允许采用不同的方法，尽管这在很大程度上取决于与负责批准研究项目的 SAF 负责人的个人关系[11]。在这种情况下，资助研究成为研究机构的一种负担。

第二，外部研究机构与 SAF 成员之间建立信任的问题。事实证明，男军人/女军人是一个多疑的、不易信任他人的群体，他们对自己的言论非常谨慎，特别是在与高级军官的关系、可能针对上级的批评，尤其是个人问题等方面。可以察觉到他们对军事组织的强烈恐惧，因为他们的"雇主"干涉他们的个人生活和家庭问题。根据我们的经验，很少有男军人和女军人愿意公开谈论他们的家庭问题。一些参与研究的军人对研究团队的研究工具、结果的匿名性等并不信任，认为他们的一切言论都会被报告给他们的上司，并会影响他们未来的职业生涯。在这种不信任的环境中进行访谈，是非常困难的。例如，有几次，军人对匿名性提出疑问，尤其是在处理人口统计数据时，他们声称其上级能够根据这些数据识别出具体的个人。事实上，在和平行动中，特定级别和年龄的人员数量非常有限。我们试图说服他们，他们的上级只能得到解释的结果，而不是直接的原始数据，因此没有人能够识别出具体的某些人。然而，为了降低不信任的程度，我们不再询问他们的出生年份，而是开始按照年龄组进行分类。

第三，是"执行命令"还是自愿参与的问题。当一个研究小组接触男军人和女军人时，总是强调参与研究是自愿的，每个人都有权拒绝参与。然而，作为样本被选中的部队，通常是按照上级的命令召集的，男军人和女军人被命令到研究地点(营房、教室等)报到。因此，尽管我们声称参与是自愿的，但他们仍然有被命令的感觉，这可能会影响最终结果。例如，在某些情况下，士兵不愿意参与研究，但由于他们是被命令传唤的，他们必须服从，因此他们通过交回空白问卷来表达他们的不愿意和不满。

第四，样本选择的问题。在大多数情况下，研究团队对样本的选择没有最终发言权。样本规模和样本的级别(军官、士官和士兵)是研究小组唯一能够决定的事情。其他一切都是在军事组织内部决定的，研究团队无法对谁能够最终参与研究这一决定施加影响。

第五，通过不参与研究来表达对军事工作的不满意。在某些情况下，研究者发现男军人和女军人拒绝参与研究是因为其他一些与研究无关的问题。他们的不满表现在两个方面：一是从一开始就拒绝参与，二是参与但返回空白问卷或给出非常简单的答案。很多时候，男军人和女军人也不愿意公开谈论导致他们拒绝参与的不满的原因。在一个案例中，一个研究小组在调查地点发生严重事件一天后抵达部署部队驻扎的主要基地。关于之前发生的事件，研究者并不知道，这影响了整个实地调查的结果。只有上级指挥官提供的额外信息和解释才有助于阐明这一点，并帮助研究者解释结果。这再次证明了三角测量方法的重要性，因为如果不使用另外的方法，那么对结果的解释可能是完全错误的。

第六，对不同级别的士兵使用与之匹配的适当方法的问题。根据多年 【127】采访不同级别的男军人和女军人的经验，我们注意到，并非所有方法都适用于所有级别。面对面交流的情况下，访谈士兵和士官的时候，这种感觉尤其明显。事实证明，面对面访谈是一种适合军官的方法，他们通常更有经验且受过高等教育。这就提出了一个问题，即对较低级别的士兵进行访谈是否合适，他们的答案通常过于简单，而且非常相似。不仅是面对面的个体访谈出现了这种问题，小组访谈也出现了一个困境。考虑到男军人和女军人对研究的不信任，因而采访一个群体是能带来附加值还是会造成障碍，这是值得怀疑的。有些人在群体中谈论他们的个人经历和问题时感到非常不舒服。因此，考虑到这一点，可以得出结论，使用小组访谈需要对要讨论的主题进行全面审慎的选择。并非所有的主题和问题都适合在小组访谈中讨论，这一点必须加以考虑。

第七，访谈记录的问题。研究 SAF 的经验表明，几乎不可能使用设备记录与军事组织成员的对话。值得注意的是，访谈录音被认为是不可取的，因为男军人和女军人大多担心他们的陈述日后可能被滥用。这个问题不可避免地与是否信任研究者、对研究数据滥用的恐惧以及军事组织的封闭性有关。因此，如果不允许使用录音设备，研究者就必须在访谈期间尽可能多地记录，或者尽可能记住更多内容，并在访谈结束后立即撰写报告。无论哪种方式，研究者都会失去一部分资料，那就是观察受访者脸上或身体等非语言的反应、手势等。此外，也不可能记下或记住受访者所说的一切。因此，我们需要接受这样一个事实，即少量信息可能会永远地丢失了。通过将参与个人访谈的研究者的数量翻倍，这个问题可以在一定程度上得到解决。这样一来，一个人负责提问、观察受访者及其反应，另一个人负责做笔记。最后，对所有的书面记录进行比较和合并，得到的信息质量要比单个研究者进行的访谈高出很多。然而，在经费和工作人员匮乏的情况下，几乎不可能确保令人满意的研究者数量，更不用说由多名研究者进行一次面访了。

第八，进行实地研究的适当时机的问题。根据我们的经验，计划一项实地研究可能是非常微妙的，要考虑到所有不同的各种因素：任务地区的现役军人人数，因实地工作、病假或假期而缺席的军人人数。在研究目标包括所有部署人员的研究项目中，这可能会带来重大挑战，而大量样本的缺失可能会对研究的最终结果产生重大影响。例如，驻科索沃部队（KFOR）第 15 支斯洛文尼亚特遣队成员，在研究的第一阶段（在家）和第二阶段（任务地区）出现了最严重的参与者数量不足的问题。在研究的第一阶段，包括 432 名男军人和女军人，而在第二阶段则包括 323 名成员。由于研究对于定期部署周期而言可能是一种干扰，因此适当的时间安排也非常重要。研究者经常被视为日常任务的入侵者，参与研究是"一种额外的负担"。在少数情况下，由于时间限制，研究的第一阶段（部署前）被安排在出发前，这让参与者非常不满。在其他情况下，第三阶段的研究（部署后）

【128】

安排在回国几周后，当时男军人和女军人正在休假，但被命令回军营报到，参与我们的研究。这些情况导致士兵的不满程度非常高，这无疑体现在了最终的研究结果中。

结　　论

质性分析与社会文化研究本身一样古老。直到上个世纪下半叶，它才以不同的名字被人们所熟知；然而，它已经发展了几个世纪。正如我们今天所知道的，质性分析在某种程度上与马林诺夫斯基或米德的研究相同，但在许多方面有所改进。军事组织是每个社会的组成部分[12]，因此受制于社会利益，需要加以研究。军事组织内部出现的问题在许多方面与其他组织相同（例如，家人和朋友、动机、恐惧、爱、信任、对上级的满意度等）。尽管如此，这些问题还是值得特别关注，因为受这些问题影响的人每天都在值勤时使用武器。由于军队是一个封闭的机构，内部社会化程度很高，因此研究者很难进入或研究它。在克服了第一个障碍后，研究者需要应对一些其他窄化研究选择的障碍和限制。考虑到诸如禁止使用录音机、与参与研究的人员打交道等限制，在军事围墙内进行研究是相当具有挑战性的，因为士兵们被命令这样做，但却被要求不要讲太多，或不要透露一些与个人有关的不方便说的事实、感受、想法、观察结果等。然而，多年的研究表明，某些方法比其他方法更合适。三角测量法、结构化访谈和标准化开放式访谈，结合参与观察，有时还结合小组访谈，已被证明是适当的方法策略。事实证明，在征询大多数各级男军人和女军人的意见时，结构化访谈是有用的。例如，在试图确定和平行动中 SAF 成员参与和平行动的动机时，在对某些问题进行深入分析时，采用了标准化开放式访谈，收集了较小群体的意见，例如，只有和平行动中的参谋的意见。小组访谈使用较少，主要是在时间很少的情况下，需要对使用另一种方法收集的信息进行补充解释，例如，在实地访问 SAF 成员时，或者在研究结束并向作为研究对象的男女军人群体提交初步结果之后。【129】

最后，无论是否参与，观察都是一种非常有用的方法，特别是在研究参与和平行动的文化和其他方面时。然而，对行动区的访问通常很短（只有几天），因此也需要使用其他方法。再次强调，在研究军事组织这样一个复杂而特殊的机构时，使用几种不同的方法和不同研究技术的组合是成功的关键。

注释：

1. 例如，实证主义范式、后实证主义范式、后现代范式、质性分析中效度和信度的后结构批评家(Kogovšek, 1998)。

2. 参与观察方法意味着研究者积极参与所研究的环境，非参与观察方法意味着研究者仅进行观察而没有积极参与(Bailey, 1994)。

3. 结构化访谈的一个特点是封闭式问题，受访者必须从给定的一系列答案中进行选择。研究者不允许在访谈中提供任何额外解释，也不能更改问题，他/她需要防止第三方干扰访谈过程，并且始终不能发表自己的意见(Kogovšek, 1998: 30)。

4. 研究者使用各种技术来研究用单一方法收集的数据。

5. 限制因素之一可能是性别。在某些文化中，男性研究者不允许与女性交谈，反之亦然，这意味着完成一项研究需要对研究者进行三角测量。

6. 研究者必须通过这个人才能访问要调查的小组。

7. 在南斯拉夫社会主义联邦共和国(SFRY)时期，全民防御和社会自卫的概念是有效的。1972年，《南斯拉夫社会主义联邦共和国防御侵略指南》对它进行了定义。全民防御被认为是自治社会抵御侵略的一种综合的、有机的功能。这一概念是社会、军事和其他科学对社会防御这一问题的回答(Rebolj, 2008: 19)。

【130】 8. 南斯拉夫人民军。

9. 卢布尔雅那大学社会科学学院国防研究中心的完整研究项目清单要长得多，可在以下网站找到：www. fdv. unilj. si/Raziskovanje/vsak_ center. asp?id＝4。出于本文的目的，仅提及与关于质性方法在军事组织研究中的适用性的辩论有关的项目。

10. 第一个研究项目始于2002年10月，一直持续到2003年8月。其中包括驻扎在波斯尼亚和黑塞哥维那境内的稳定部队中的两支斯洛文尼亚武装部队特遣队。第一个项目及其研究结果为 2003 年 10 月至 2005 年 3 月开展的进一步研究奠定了基础。其中包括五支斯洛文尼亚特遣队，他们也参与了稳定部队、波斯尼亚和黑塞哥维那的行动。第三个项目从 2007 年 2 月持续到 2008 年 8 月，包括驻科索沃部队的三支斯洛文尼亚特遣队和联合国驻黎巴嫩临时部队（联黎部队）的三支斯洛文尼亚特遣队。

11. 不幸的是，根据多年对 SAF 的研究，可以注意到个人关系可以而且确实会影响公开招标的最终结果。

12. 我们忽略了少数几个没有军事组织的国家。

参考文献：

Alasuutari, P. (1995) *Researching Culture: Qualitative Method and Cultural Studies*, London: Sage.

Bailey, K. (1994)*Methods of Social Research*, New York: Free Press.

Borman, K., LeCompte, M. and Preissle Goetz, J. (1986) "Ethnographic and Qualitative Research Design and Why it Doesn't Work, " *American Behavioral Scientist* 30(10): 42-57.

Creswell, J. (1998)*Qualitative Inquiry and Research Design*, Thousand Oaks, CA: Sage.

Dean, J., Eichhorn, R. and Dean, L. (1969) "Limitations and Advantages of Unstructured Methods, " in G. McCall and J. Simmons (eds.) *Issues in Participant Observation*, Reading: Addison Wesley, 19-24.

Fontana, A. and Frey, J. (1994) "Interviewing: The Art of Science, " in N. Denzin and Y. Lincoln(eds.)*Handbook of Qualitative Research*, Thousand Oaks, CA: Sage, 361-376.

Fraenkel, J. and Wallen, N. (2006)*How to Design and Evaluate Research in Education*, New York: McGraw-Hill.

Huzjan, V. (2004) "The Qualitative Analysis of an Interview, " in J. Fikfak, F. Adam and D. Graz (eds.) *Qualitative Research*, Ljubljana: ZRC Publishing

(Institute of Slovenian Ethnology at ZRC SAZU), 187–199.

Jelušič, L. and Grizold, A. (2008) *Obramboslovje: od epistemološke uresničitve do internacionalizacije (Defence Studies: from epistemological realisation to internalisation)*, Ljubljana: FDV, 189–203.

Jelušič, L. and Papler, P. (2006) "človeški dejavnik v vojaškem sistemu"(Human factor in the military system), *Bilten Slovenske vojske* 8(4): 7–27.

Kirk, J. and Miller, M. (1986) *Reliability and Validity in Qualitative Research*, Newbury Park, CA: Sage.

Kogovšek, T. (1998) *Kvaliteta podatkov v kvalitativnem raziskovanju (Quality of Data Gathered in Qualitative Research)*, Ljubljana: FDV (Faculty of Social Sciences).

Lincoln, Y. and Guba, E. (1985) *Naturalistic Inquiry*, Beverly Hills, CA: Sage.

【131】 Neuman, L. (1994) *Social Research Methods: Qualitative and Quantitative Approaches*, Boston: Allyn and Bacon.

Patton, M. (1990) *Qualitative Evaluation and Research Methods*, Newbury Park, CA: Sage.

Rebolj, K. (2008) *Delovanje civilne zaš čite na območju občine Grosuplje med preteklostjo in prihodnjimi izzivi(Civil Protection Service in the Municipality of Grosuplje Between Past and Future Tasks)*, Ljubljana: FDV.

Sagadin, J. (1995) "Nestandardizirani intervju, " *Sodobna pedagogika* (Journal of Contemporary Educational Studies) 46(7/8): 311–322.

Tashakkori, A. and Taddlie, C. (1998) *Mixed Methodology: Combining Qualitative and Quantitative Approaches*, Thousand Oaks; London; New Delhi: Sage.

Taylor, S. and Bogdan, R. (1984) *Introduction to Qualitative Research Methods: The Search of Meanings*, New York: John Wiley and Sons.

Vogrinc, J. (2008) *Kvalitativno raziskovanje na pedagoškem področju (Qualitative Analysis in Pedagogics)*, Ljubljana: Pedagoška Fakulteta, Univerza v Ljubljani.

9 从质性和比较的视角研究军队：
方法论的挑战和问题
——欧洲安全与防务政策中法国
和德国军官的例子

德尔芬·德肖·鲍默[1]

社会科学长期以来一直忽视从社会学或政治社会学角度对军队的分【132】析，法国尤其明显。关于这方面的方法论文献很少，除了萨米·科恩（Samy Cohen）的重要著作（Cohen, 1999）。缺乏对该主题的分析，在某种程度上是非常严重的问题，因为军事机构给社会研究者带来了具体的方法挑战，亟须反思。分析者实际上需要意识到一些关于军事领域的假定常识，必须被放在一边。直接在军事领域进行调查实际上向社会科学家表明，军队中的保密文化仍然存在，这使得民间的社会研究者很难进行调查。然而，接受采访的官员和外交官实际上表现出愿意与社会科学研究者就其职业进行沟通的真实意愿。因此，军事领域的社会形象迫使我们反思质性调查的实践，更准确地说，反思质性研究访谈的实践，因为"研究性访谈的悖论是让被访谈者说出并展示他之前隐藏的东西，无论是自愿的还是非自愿的"（Marmoz, 2001: 7），这是通过使用特定的方法工具（如问卷、概念）实现的，即使在法国和国外，保密似乎是军事职业和政治军事决策过程的一个组成特征。

本章基于我们关于欧洲安全与防务政策（ESDP）的起源、实践和使用的论文，重点是法国和德国的 ESDP 参与者（军事和外交人员）的起源、日常实践和代表性方面的比较。更准确地说，我们在巴黎、柏林、波恩和布鲁塞尔对高级军事官员、外交官和政治领导人进行了 130 多次质性采访。

在这里，我们关注的是用质性和比较的方法研究军事意味着什么。因此我们将提出三个主要问题，这些问题在我们的研究中相互交织。第一个问题是质性视角以及它提出的关于军事任务的特殊性的问题，而军事任务通常是保密的。第二个问题是从比较的角度具体提出在军事领域实施质性方法的问题：如何提问，使其对受访者有意义？最后一个问题涉及反身性问题，更确切地说，是访谈者在军官面前的立场问题。这意味着什么？它对研究有什么影响？当然，我们将依靠我们的案例研究（共同安全与防务政策中的法国和德国官员）来举例说明本章提出的三个问题。

质性访谈：一种针对"困难领域"的方法[2]

作为一种社会科学方法，质性研究访谈会促使科学家想要知道他选择该方法的原因，以及分析员构建和收集数据的方式。更准确地说，在对军队和政治军事环境进行政治社会学调查的情况下，质性访谈有两个主要用途：获取第一手信息，因为研究者在大多数情况下无法广泛接触到他所需要的灰色文献或内部文件；以及在研究背景中与军事行为者进行有趣的接触，在这种背景下，秘密和非常具体的军事语言对分析人员来说是一个问题。

访谈：社会现实的一个信息来源

在任何关于国防问题的研究项目中，一个基本的方法论问题很快就会出现：获取内部文件的问题（灰色文献）的问题。就欧洲防务政策而言，如果欧洲官方声明是公开的，那么通常就能在网上找到，例如欧洲联盟委员会的声明或联合行动，欧盟峰会的结论，高级代表的政治言论中的部长级议案——导致生成这些官方文件的文件以及为官方职位准备的文件——实际上是不可访问的，并且受到军事和外交保密需要建立的强大分类系统的保护。关于法国共和国总统府、国防部和外交部（the Quay d'Orsay）的档案，这些文件仍然无法获得，因为它们不符合文件保密的30年期限的要求。[3]访问中等保密级别的文件是有特定程序的：[4] 我们于2006年在国防部尝试

并完成了这一程序。然而，这个授权程序对研究者来说可能是一把双刃 【134】
剑。研究者能够访问的信息的保密水平越高，研究被分类到高保密等级的
风险也就越高，这将导致无法以任何方式发布研究结果。然而，揭示和理
解研究成果，以便就其进行辩论，帮助人们更好地了解当代社会，难道不
是社会科学研究的使命吗？

　　因此，我们选择了一种简化的授权程序来访问保密文件。但获得授
权，仅仅是一个漫长过程的开始。随后，研究者不得不向国防部和外交部
的专门机构、巴黎和柏林的爱丽舍宫和总理府以及欧盟委员会的档案服务
部门发送邮件，不幸的是，在那里，研究者收到了否定的答复，因为这一
主题太过现代。在我们对德国的实地调查中，这个访问文件的问题与此
类似。

　　研究的当代特征往往会阻碍我们访问大多数政治、军事和外交档案，
位于巴黎的国防部部长级和部际部门的"研究和文件"办公室提供了很大支
持，帮助我们理解为什么关于获取内部文件的请求在大多数情况下都不能
得到积极满足。当代政治军事档案（本案为 1991 年至 2007 年）的主要问题
在于，这些文件的目录尚未公布并添加到档案中：因此，这些当代的内部
文件分散在国防部和外交部的几个部门中，这些部门中的任何一个都可能
拒绝沟通。[5] 研究者发现，这些服务部门的工作人员并不愿意就访问档案问
题进行沟通。换言之，查阅内部文件（如，送达通知、会议记录和用于在
欧洲会议桌上阐述国家立场的语言要素）取决于每个对话者的善意。大多
数情况下，他们都有理由拒绝让社会科学家查阅他所掌握的文件。[6]

　　通过授权程序向民间研究者提供的文件，由于使用了非常不透明的技
术术语，这些文件往往没有什么意义或无法阅读。[7] 因此，质性访谈是研究
者获取和了解巴黎、柏林与布鲁塞尔欧洲防务政策决策过程中不同行为者
如何达成结果或妥协的信息的唯一途径。这一特征似乎是无法进入的社会
领域的研究所特有的（Bogner and Menz, 2005: 7）。因此，我们选择了基于
质性访谈的研究策略和数据收集方式，遵循霍华德·贝克尔（Howard
Becker）的评论，即"一个人如果想了解社会，就必须亲身体会"（Becker,
2002: 44）。萨米·科恩顺便强调了访谈比军事机构的档案更有成效 【135】
（Cohen, 1999: 19）：这种方法有助于我们理解和解释行动者如何维持他们

的社会角色和地位，以及如何赋予他们的角色以意义的（Lagroye, 1997）。

与国防领域的直接联系："世俗"平民研究者的资源

我们的研究策略向我们证实了另一个更具认识论的原因：社会科学中的质性调查使研究者能够与他所要分析的社会现实直接联系起来（Marmoz, 2001: 19）。事实上，对于平民研究者来说，国防领域提出了与受访者之间的社会距离问题。这种社会不对称性实际上是由军事行动者使用的一种特定语言表达的：

> 由专业人士生产和再生产的特殊语言……正如每一种话语一样，都是表达兴趣和审查制度之间妥协的产物，审查制度是由话语产生和运作于其中的社会领域的结构所构成的。（Bourdieu, 1982: 167-168）[8]

因此，沉浸在受访者的特定语言和社会规范中是非常有效的，这只有通过与研究领域的反复接触才能实现，这些接触使研究者和被采访者之间的相互信任得以形成。质性访谈是分析表达的工具（在本案中，欧洲或亲北约战略对法国和德国政治军事行为者日常处理欧盟共同安全与国防政策（CSDP）的构建和实施的社会表现的影响），它通过受访者对其实践的描述，揭示了他们的社会实践。质性访谈的使用为分析中的话语语境留下了一些空间。如果"个人会尽快使自己的行为适应其所参与的社会场景"（Beaud and Weber, 2003: 334），那么他们谈论的自己的表现、专业培训、职业生涯和日常实践，就为研究者带来了真正的附加值，因为研究者正在寻求对行动者与其所属机构之间的关系进行分析。例如，雅克·拉格罗耶（Jacques Lagroye）依赖社会角色理论，并强调了以下事实：

> 与机构的关系首先是在这个机构中担任角色的人之间的关系……首先是理解生活在该机构中的个人，因为他们担任角色，使我们能够对机构有一个概念。（Lagaye, 1997: 8）

　　为了进一步阐述这一观点，自反性需要"将收集到的话语置于制度背景中，在这种背景下，它已经被阐述到不能独立于给予其社会理由的制度而在社会学意义上存在的程度"（Bourdieu，1982：71）。这种定位的话语向研究者提供了关于机构、其内部功能及其生动维度的信息，但也概述了基于质性访谈的方法论偏见：研究者必须小心，并与收集到的话语保持距离。受访者不能被认为是客观的，因为他们亲自参与了分析者正在调查的过程："行动者的记忆往往是失败的；他们会混淆日期，并倾向于事后重建自己的角色"（Muller，2003：94）。就询问者一方，解决方案是摆脱"客观真理"的神话，用研究者必须恢复并面对的"主观和部分真理"来取代它，以便能够提出自己的所谓客观无私的观点（Beaud and Weber，2003：303）。对我们来说，关键是采用韦伯意义上的综合方法，这种方法倾向于理解受访者行动的内在逻辑（Weber，2003）。在方法论层面上，这种科学立场意味着访谈者考虑到军队等级规范的特殊性，通过把自己置于"次等"位置来推动受访者（Kaufmann，2004）。研究者试图进入行动者的世界，倾听他们的声音，向他们学习，甚至在可能情况下参与他们的职业活动，然后在解释收集的数据时，"再次离开现场"（Paillé and Mucchielli，2003：229）。这种"本土化"（going native）方法对行动者的话语感兴趣，并使分析者能够访问内部信息，我们的研究策略建立在基于以下预设的综合式的韦伯方法基础上：行动者对其社会行为赋予的意义在很大程度上决定了这种行动的形式方面。作为研究者，要仔细关注军事受访者对其行动赋予的意义。换言之，从福柯（Foucault，1969）视角来看，访谈提供了一种进入行动者话语的途径，这必须被视为一种社会实践或社会事件：福柯将话语视为一组规范的、特定的社会实践，以及其他实践。

　　在阐明了我们的研究策略后，由于我们的研究对象和军事调查领域的特殊性，我们依赖于质性访谈，分析研究性访谈（此处为半定向访谈）在国防社会领域的实施似乎很重要。这一实施确实带来了特殊的方法挑战，特别是由于军事言论的地位。

【137】　　　　　从比较视角采访军官：实施和挑战

　　如何在军事社会领域进行质性研究？研究访谈的具体实施情况是什么？像我们这样以行动者为基础的研究方法，使调查阶段变得更复杂。为了分析欧洲防务政策的构建和实施情况，以及法国和德国日常运作这项政策的行动者对这项政策的陈述和做法，受访者的选择取决于他们在这项新政策中的具体社会经验。我们必须接触到那些致力于使欧洲防务项目步入正轨的官员和外交官，他们是"历史行动者"，职位的轮换频率使他们很难被接触到。第二类受访者是 1999 年 CSDP 启动后负责每天运作的官员（以及平民和外交官）。然后，似乎有必要绘制法国和德国行动者的网络地图，以确定他们之间相互依存的关系及其机构之间的相互作用：我们必须在这个网络上曲折前进，以便能够理解 CSDP 内部实践和表述的异同。这一方法最重要的益处之一是，通过对参与欧洲防务社会领域的法德军事合作参与者的深入研究，展示国家和欧洲层面军事参与者在制定欧洲防务政策过程中的互动。我们还必须处理采访期间收集的并受到法律限制的独特军事言论。[9]

绘制社交网络图：一种绕过地面军事等级的嵌入策略

　　绘制社交网络图的方法通常包括三部分：首先，研究者发现行动者及其行动逻辑，并发现与研究有关的公共政策部门的行动者。然后，识别相互依存的关系和权力的流动：谁是网络的一员？谁是局外人，或处于网络之外？网络成员如何合作？最后，但并非不重要的是，研究者分析了机构运作的演变以及欧洲一体化对这一进程的影响。在这方面，安迪·史密斯（Andy Smith）建议采用一系列四种调查技术来检验这种方法：信息收集和文献回顾、半结构访谈、参与者观察（尽可能）和预算分析（相关时）（Smith, 2000: 229–252）。我们结合了以上四种技术，但由于国防领域根深
【138】蒂固的保密文化，参与观察的使用非常有限。即使军事行动者的发言往往比事先预期的要多，但参与者观察也远不受欢迎和无法促进。[10]
　　更准确地说，我们的实地调查依赖于 2005 年至 2008 年在巴黎、柏林和布鲁塞尔进行的 135 次半定向访谈（基于混合开放式和封闭式、主题性

和分析性问题的访谈方式），依赖"滚雪球"抽样方法以便交叉控制行动者网络，并使用了内容分析。比较视角是一个需要考虑的挑战。因此，我们必须确定巴黎和柏林处理 CSDP 的日常机构：困难在于，两个国家的这些机构并不完全对称。例如，爱丽舍宫在这些问题上发挥着非常重要的作用，而德国总理府则是选择性地进行干预。事实上，在德国，武装部队的首脑不是总理而是联邦国防部长。而在法国，这是共和国总统的职责。因此，研究者面临的问题是要发现法国和德国的政治军事系统是如何运作的。实现这一目标的最佳方式似乎是先沉浸在巴黎国防社会领域，然后再沉浸在德国国防社会领域。因此，在深入阅读和分析了有关该主题的专业文献、新闻和机构网站后，我们选择在柏林的德国联邦国防军社会科学研究所(或德国陆军社会科学研究所)进行研究。我们在 2006 年和 2007 年，分别在那里待了 7 个月和 5 个月。[11]

访谈由表 9.1 列出的各个机构部门牵头，访谈对象为军官、士官和外交官。

以访谈方式进行调查实际上意味着，如果想要收集有效的数据，研究者不应该被视为要调查的社会结构中的"入侵者"。这一特点在军事领域尤为明显。其次，我们注意到一些联系人采用了"公开征兵"的做法：在高级军官及中级军官中，点名的做法是卓有成效的。[12] 例如，2004 年因为一项之前的研究，与海军上将兰萨德上将(法国前总参谋长)的会面使我们见到了他的朋友和同事诺曼将军：他们都在 20 世纪 90 年代的欧洲防务建设中发挥着关键的战略作用。一些受访者所表现出的逐步的接纳甚至好奇心，在很大程度上受到了口碑的影响：法国和德国以及布鲁塞尔的政治军事体系往往像一个大家庭一样运作。[13] 因此，通过从一个行动者"滚雪球"到另一个行动者，可以接触到不同的行动者。这些每天处理欧洲防务政策的官员彼此非常了解，正如他们中的一些人承认的那样，他们有些是多年的朋友，并经常在高级政治军事学校接受同样的专业培训(法国联合武装军事学院和法国高等国防研究院、德国联邦国防军指挥学院和德国联邦安全政策学院)。尽管人员流动非常频繁，[14] 但对这种配置的详细研究表明，事实上，研究者经常会遇到相同的联系人，这些联系人在这个社会空间中从一个职位迁移到另一个职位。

【139】

表 9.1　2005—2008 年访谈的机构

巴黎	外交部 ·部长的私人幕僚/个人参谋部 ·战略事务、安全和裁军司 ·共同外交与安全政策处	国防部 ·部长的文职军事幕僚/个人参谋部 ·战略事务代表团，CSDP 和 NATO 部门 ·国防信息通信团 ·军事总参谋部：欧洲大西洋分部 ·陆军参谋处：国际关系处和参谋长 ·空军参谋处：国际关系处和参谋长 ·海军参谋部：国际关系处 ·武装部队参谋部	爱丽舍宫（法国总统官邸） ·总统的军事幕僚/个人军事参谋部 ·外交智囊团	总理府和办事机构： ·国防总秘书处（SGDN） ·总理的军事参谋部
柏林	联邦外交部 ·部长的私人幕僚/个人参谋部（政治部门） ·政治事务部，业务部门（政治部门） ·政治事务司，CSDP 和 CFSP 部门 ·战略事务司，欧盟-韩国通讯员，欧盟通讯员	联邦国防部 ·总参谋长 ·新闻和信息工作人员（信息中心） ·双边合作处 ·公共安全与防务政策处 ·国际关系处 ·北约代表处 ·部长的私人幕僚	总理 ·2、2司、23 业务部门（政治分部） ·213 业务部门（欧洲分部）	
布鲁塞尔	·政治与安全委员会的德国常驻代表 ·政治与安全委员会的法国常驻代表	·欧盟军事委员会的德国常驻代表 ·欧盟军事委员会的法国常驻代表	欧盟理事会总秘书处： ·共同安全与防务政策处 ·民事危机管理局 ·欧盟军事参谋部	·北约的德国常驻代表 ·北约的法国常驻代表 ·欧洲盟军最高司令部（位于蒙斯）

质性访谈要求研究者采用交叉检查技术来避免"独家新闻"的吸引力，【140】这意味着"一条信息至少要有两个独立来源（第一手）的情况下才存在"（Thoenig, 1985: 40-41）。因此，我们选择对决策过程的不同层面（从高级官员和外交官到执行者）进行多次采访，以避免单方面的和官方的话语，并交叉收集数据和来源。这种交叉检验还提出了话语生产者在该话语生产领域中的位置问题（Bourdieu, 1982: 170 and fol.）。防务系统中严格的等级原则，使得"位置"具有特殊意义。通常，"第二把手"（Cohen, 1999: 28）即中间角色，是非常宝贵的受访者：他们的职位与媒体关系不大，与公众舆论和记者的接触也很少。事实上，他们不像上级官员那样内化了审查制度：审查制度（没有）将其形式强加在（他们的）话语上（Bourdieu, 1982: 169），以至于他们对自己的社会形象的关注程度低于那些担任政治职务和最容易接触媒体的高层官员。为了研究社会组织，霍华德·贝克尔甚至倾向于使用绕开等级制度的做法，他对此的表述是："如果我们依赖一个组织或社区的高级代表来详细了解正在发生的事情，那么我们就会系统地忽略这个人认为不重要的一系列事情。"（Becker, 2002: 154）。

通过对当地行动者的访谈，可以补充巴黎、柏林、布鲁塞尔的政治军事高级代表的话语，可以了解欧洲防务政策正统路线之间的实际做法和社会互动。此外，与长期沉浸相比，与同一机构部门的几名成员进行引导式访谈是保证实践具有更好客观性的一种方式。这种方法暗示了研究者的方法学，主要是用于德国受访者：德国行政组织中的共同签名原则（Mitzeichnung）假设，同一机构或部门的每个代理人都拥有相同的信息，所有信息都会传输给机构中的每个人。因此，有必要在同一机构中增加与不同代理人的联系，以证明我们的要求是合理的。这种方法还为研究者和被采访者之间提供了一种有效的沟通工具，并有助于在质性访谈实际构成的社会互动中建立相互信任。

"伟大的哑巴"的调查比较：一个方法论挑战　【141】

采访法国和德国的国防人员，包括"在一个'困难的环境'中进行调查。……这是一个可疑的环境，但对研究者并不封闭"（Cohen, 1999: 17）。

我们与受访者取得联系后，仍然存在一个问题：被选中的对话者是否会接受访谈，而不仅仅是发表一通对研究者而言价值较低的、政治上合适的演讲？因为研究的深层目标，国防社会领域的社会科学研究给研究者带来了一个内在困境：军事话语传统上被认为是保密的且被秘密包围的，这与研究目的背道而驰——披露和公布所收集的数据。尽管如此，随着采访的进行，调查促使我们质疑一种根深蒂固的偏见：军队作为沉默机构的偏见。大多数受访者都给我们提供了有趣的信息，有时甚至是未公开的信息。事实上，正如萨米·科恩所观察到的那样，国防人员、官员以及外交官都对研究非常感兴趣，并努力使自己"不要表现出与学术界的隔绝"（Cohen, 1999：17）。

更根本的是，国防环境中的社会科学调查遇到的最尖锐的问题之一是收集的演讲及其引用的状况。大多数时候，消息来源希望保持非官方状态。这种匿名的愿望与在分析员面前尽可能自由地表达的意愿密切相关，并防止自己在办公室或所属部门内受到"自由"表达的潜在负面影响。因此，只要我们保证会保密，军官和士官们就会热情地欢迎我们的问题。这实际上提出了"关闭"言论和自我审查的问题：如何将研究义务和方法的严谨结合起来？军队的研究者通常使用与记者相同的规则，来解决这一难题：[15] 可以引用受访者工作的机构和部门，但不能引用他的姓名或职务。

此外，在我们（法国和德国）的多国比较中，考虑每个国家关于军事言论地位的不同规则是非常重要的（De Beer et al., 2005）。法国和德国对军事代理人的表达规则存在分歧，并严格规范了授权演讲的框架，该演讲体现了对军事机构成员的权力下放（Bourdieu, 1982：103-119）。因此，研究者在法国遇到了保密义务。《一般军事地位》（2005 年修订）对这一职责的定义如下：意见"只能在职责之外表达，并具有军事地位所需的储备"

【142】（Bacchetta, 2004：76）。因此，只要官员在执勤期间表达自己的言论，他们就必须使用温和的语言：保密义务与其说是限制个人意见，不如说是限制表达方式。在发表所表达的意见或提供的信息时，确实需要非常谨慎。然而，在德国，军人被视为"穿制服的公民"：受控制的军官和其他公民一样（Pajon, 2001：245），他们享有《基本法》[16] 第 5 条保障的相当大的言论自由，该法意在保护军队和德国社会之间的社会联系。因此，德国官员有时

会公开表达他们对政府决定的反对意见。[17] 国防社会领域调查的这种特殊性也促使人们在大多数情况下使用手持录音机，但有时也被禁止。

比较研究的另一个挑战是要掌握几种语言和具有跨文化能力。在采访官员时，与受采访者建立相互信任尤为重要，这需要时间及对其母语的良好了解。正如米歇尔·拉勒门特（Michel Lallement）和简·斯普克（Jan Spurk）所观察到的那样，比较是"（社会学）学科的多语言信鸽保护区"（Lallement and Spurk, 2003: 71）。同样重要的是要掌握各国的文化准则，使访谈尽可能不引人注目，即使访谈仍然是一种特定的社会互动，正如我们下面分析的那样。因此，我们选择用德语而不是英语对德国官员进行面谈。我们的研究经验表明，受访者用母语提供的信息更多地揭示了他们的社会表现和日常实践。英语实际上是他们的日常工作语言，并引导他们使用标准化的话语。例如，我们在布鲁塞尔采访一名欧盟军事参谋部的德国军官，开始时使用的是英语，但没有得到有关其表现和做法的有趣信息。当我们改用德语时，访谈对我们来说变得更有成效，语言的转换使得这位官员对我们产生了更多的信任。这个例子只是众多类似例子中的一个。因此，在不陷入文化主义方法的情况下，我们震惊于这样一个事实，即社会事实——正如军官的社会实践和表现一样——必须通过考虑受访者的国家和组织来源来进行分析。这样的"社会学之旅"（Gephart, 2005）是更好地全面了解巴黎、柏林和布鲁塞尔受访者的好方法。

最后但并非不重要的是，与任何政治学一样，研究性访谈也构成了研究者与受访者之间的全面社会互动，因为受访者被研究者提问的方式引导"回应他的演讲"（Blanchet, 1985: 113）。这种社会互动不但要从社会层面来加以考虑和分析，还要从本案例研究者的性别层面来考虑和研究。

国防领域的研究者-代理人关系：一种性别互动　【143】

质性访谈不仅是获取数据的一种方式，而且是研究者与受访者之间的一种充分的社会互动。分析这种社会关系实际上包括质疑被采访的代理人、军队和平民所表达的"真相"的产生条件。此外，当一个年轻女性调查一个以男性为主的环境时，这种互动变得更加具体（Arendell, 1997）。在不回到传统主义和对女性刻板行为发展的常见陈词滥调的情况下，国防社会领域的特殊性对研究者和受访者之间的关系产生了影响。我们与同样调查该领域的男性同事进行了讨论，发现研究者的性别对研究互动产生了影响，在我们的案例中是积极的。[18] 作为一名女性，实际上对研究有所帮助：这使研究者可以提出"天真"的问题，使她能够获得大量关于军事和外交行动者的社会实践和表现的信息。例如，与男同事问同样的问题不同，受访者亲切地向我们解释了那些用晦涩的行业术语包装起来的非常技术性的方面。法国和德国的政治军事环境完全是男性化的：在我们的受访者中，无论是军官还是外交官，女性占比都不到10%，其特点是年轻和高学历。因此，女性研究者有时会对这个社会领域的受访代理人感到好奇和纵容。对待年轻女性的态度近乎半父亲式，有时甚至是迷人的，这也突显了人们对军队社会形象的高度关注。

此外，任何基于国防人员，尤其是军官的质性访谈的研究，都必须参照法国和德国的军队与社会的联系进行分析。在这方面，还应考虑暂停征兵的情况：如果这使得法国军队更加被动，即便能够根据其在国际组织（UE、ONU、OTAN 等）中的承诺履行其海外使命，那么这一暂停也会让军方担心失去军队–社会的联系。在法国，国防准备日和 7 月 14 日国庆日的阅兵式偶尔表达了这种联系。在这种情况下，研究者成为民间社会的中间人，更确切地说，是学术界和科学界的中间人。法国国防记者让·多米尼克·默谢（Jean-Dominique Merchet）甚至唤起了军队感受被爱的需要。[19] 这种对良好的军队与社会关系的担忧在德国也强烈存在，由于纳粹的创伤，德国公众舆论中的和平主义趋势仍然很重要。分析者必须将这种沟通意愿视为将收集的数据与其他来源（科学或来自内部文件）的资料进行交叉检验的诱因。

【144】

最后，调查国防环境，特别是采访军事人员，提供了一个刺激性的方法挑战，鼓励研究者寻求创新。面对从军事和外交部门获取内部文件的困难，即在大多数情况下都是不可能的，社会科学研究者只能选择准沉浸在军事社会领域中的方式。这种获取所需数据的质性策略，实际上使研究者处于一个略有优势的调查位置："'旅行者'从他的社会处境中获益。这种方法论上的'局外人'并没有被排除在这个群体之外，相反，他实际上是其中的一部分"（Gephart，2005：13）。因此，研究者在使用这种方式收集数据的时候必须利用自反性，并牢记任何基于反复质性访谈的社会科学研究的固有局限性。进行访谈看似很容易，但仍有局限性，其中之一是社会行动者的言行之间可能存在差距（Sala Pala and Pinson，2007）。研究者的任务是通过在可能的情况下进行直接观察，或通过在同一类代理人之间进行多次访谈，以发现潜在的不一致，来管理这两个维度之间脱节的风险。此外，研究者要与研究对象建立一种相互信任的关系，以便至少部分地接触到这些行为者的社会实践。事实上，正如马克斯·韦伯所概述的那样，研究者经常扮演科学家的角色，这"迫使个人考虑自己行动的最终意义，或者至少帮助他这样做"（Weber，1963：113）。

在这种情况下，正如我们分析的那样，这种研究策略需要针对军事领域中的军事言论的现状采取一些特定的预防措施，并且必须建立在严格执行研究性访谈的基础上，那么，这种方法仍然可以通过其能够获得的结果找到了很好的理由（Lequesne，1999：65）。考虑到"我们无知海洋中的知识之岛"（Elias，1993：124），这一方法论的质性策略已经证明是富有成效的，因为该方法使我们能够获得关于一种新兴社会政治现象——国防部门的欧洲化——的尚未发布的数据。这一策略也使我们能够通过分析 CSDP 的实践、社会表现和国家政策制定过程，对民族国家在这一问题上的抵抗有了新的认识。军事机构非但没有沉默，反而为社会学家和政治学家提供了丰富的调查领域。

注释： 【145】

1. 我要感谢雅克·洛克伍德（Jacques Lockwood）和斯科特·格里尔（Scott Greer）对我这一章的纠正。

2. 参见布马扎和坎帕纳的文章（Boumaza and Campana，2007）。

3. 在法国，1978 年 7 月 17 日通过的法案允许查阅行政文件。然而，查阅国防部档案的权限仅限于持有安全授权程序证明的人。查阅公共档案的等待时间为 30 年，在本法案规定的某些情况下甚至为 75 年。

4. 主要是"限制访问"级别，有时是"机密"级别，这是第一级分类中的两个。

5. 这就是我们案例中发生的情况：在等待了五个多月之后，得到了一个全部否定的答复。为数不多的可访问文件属于高级公务员主管转职后拍摄的一套档案。

6. 出于对所产生风险的合理担忧，一些受访者给我们读了文件中的某些段落，以便我们可以做笔记，但没有向我们展示文件。

7. 萨米·科恩也对他对外交部分析预测中心的调查做了类似的评估（Cohen，1999：19）。

8. 关于这一点，另见尚博勒东等人的论述。（Chamboredon et al., 1994）；科恩（Cohen, 1999）；拉博里耶和邦格兰德（Laborier and Bongrand , 2005: 95）的研究。

9. 在这里，法国将军文森特·德斯波特（Vincent Desportes）在 2010 年 7 月受到谴责的例子说明了这些法律限制对军事言论的重要性。文森特·德斯波特将军曾就法国对阿富汗的干预向公共媒体提供了个人建议，称这次干预是美国的战争，并批评了联军在当地的战略。

10. 我们实施了两次直接观察：一次是 2006 年 4 月 6 日德国联邦议院举行的议会会议；另一次是 2006 年 5 月 18 日，德国外交部组织了另一次会议，德国外交官和官员聚集在欧盟理事会总司长克劳德·法兰西·阿诺特的周围。

11. 为了记录在案，我们实际上真的"沉浸"了自己，在德国陆军的一个驻军住宅里住了两个月，因为德国联邦国防军社会科学研究所位于施特劳斯贝格的原苏联驻德国总司令部内。

12. 萨米·科恩就他对法国前总统密特朗的采访做了类似的评价（Cohen, 1999: 24）。

13. 这种归属感因专业人员的流动而增加，导致个人将其机构作为专业参考点。

14. 一个政治军事职位的实际任期为 2 至 3 年。

15. 这是国防记者通常会做的事情。事实上，我们在 2006 年 1 月问过他们中的一些人：《世界报》的劳伦特·泽奇尼，《费加罗报》的格兰奇，《自由报》的让-多米尼克·莫切特，《南德意志报》的克里斯蒂安·韦尼克。

16. 该条规定，任何公民都有权通过文字、写作或图片自由表达自己的意见，国家必须保障这种自由（Kannicht, 1982）。

17. 例如，前国防部长鲁道夫·沙尔平（Rudolf Scharping）在 2000—2001 年进行的联邦国防军改革，就保留了征兵制。见 2001 年 9 月 12 日发表在《世界报》上的约根·罗斯上尉的文章《终于脱下你的军装了!》（Schaft endlich die Wehrpflicht ab!）（字面意思是"废除征兵!"）：征兵并不能使德国完全履行其北约和 CSDP 关于快速反应的承诺。

18. 关于研究性访谈中社会互动和性别影响的一般问题参见利蒂格的论述（Littig, 2005）。

【146】

19. 让-多米尼克·默谢在 2006 年 1 月 24 日于巴黎举行的前国防社会科学研究中心（现称为 IRSEM）"青年研究员"月度研讨会上的演讲。

参考文献：

Arendell, T. (1997) "Reflections on the Researcher-Researched Relationship: A Woman Interviewing Men," *Qualitative Sociology* 2(3): 341–368.

Bacchetta, C. (2004) *Quelle liberté d'expression professionnelle pour les militaires? Enjeux et perspectives*, Institut des Hautes Etudes de Défense Nationale, Paris: Economica.

Beaud, S. and Weber, F. (2003) *Le guide de l'enquête de terrain. Produire et analyser des données ethnographiques*, Paris: La Découverte, Coll. "Repères Guides".

Becker, H. (2002) *Les ficelles du métier. Comment conduire sa recherche en sciences sociales*, Paris: La Découverte, Coll. "Repères Guides".

Blanchet, A. (1985) *L'entretien dans les sciences sociales*, Paris: Dunod.

Bogner, A. and Menz, W. (2005) "Expertenwissen und Forschungspraxis: die modernisierungstheoretische und die methodische Debatte um die Experten. Zur Einführung in ein unübersichtliches Problemfeld," in A. Bogner, B. Littig and W. Menz (eds.) *Das Experteninterview, Theorie, Methode, Anwendung*, 2nd edn, Wiesbaden: VS Verlag, 7–30.

Boumaza, M. and Campana, A. (2007) "Enquêter en milieu difficile, " *Revue Française de Sciences Politique* 57(1): 5-25.

Bourdieu, P. (1982) *Ce que parler veut dire. L'économie des échanges linguistiques*, Paris: Fayard.

Chamboredon, H. , Surdez, M. , Pavis, F. and Willemez, L. (1994) "S'imposer aux imposants. A propos de quelques obstacles rencontrés par les sociologues débutants dans la pratique et l'usage de l'entretien, " *Genèses. Sciences sociales et histoire* 16: 114-132.

Cohen, S. (1999) "Enquêtes au sein dvun «milieu difficile»: les responsables de la politique étrangère et de defense, " in S. Cohen(ed.) *L'art d'interviewer les dirigeants*, Paris: PUF, Coll. "Politique d'aujourd'hui", 17-50.

De Beer, A. , Blanc, G. and Jacob, M. (2005) *L'expression professionnelle des militaires: comparaison européenne*, Paris: Centre d'Etudes en Sciences Sociales de la Défense, Coll. "Les documents du C2SD", no. 73.

Elias, N. (1993; 1st German edn: 1970) *Qu'est-ce que la sociologie?*, Paris: Pocket Agora.

Foucault, M. (1969) *L'archéologie du savoir*, Paris: Gallimard, coll. "Bibliothèque des Sciences Humaines".

Gephart, W. (2005) *Voyages sociologiques*. France-Allemagne, Paris: L'Harmattan.

Grawitz, M. and Leca, J. (1985) *Traité de science politique*, Vol. 4: Les politiques publiques, présenté par Jean-Claude Thoenig, Paris: PUF, p. 558.

Kannnicht, J. (1982) *Die Bundeswehr und die Medien, Material für Presse und Öffentlichkeitsarbeit in Verteidigungsfragen*, Regensburg: Walhalla U. Praetoria Verlag.

Kaufmann, J. -C. (2004) *L'entretien compréhensif*, 2nd edn, Paris: Hachette, coll. 128.

Laborier, P. and Bongrand, P. (2005) "L'entretien dans l'analyse des politiques publiques: un impensé méthodologique, " *Revue Française de Science Politique* 55(1): 73-111.

【147】 Lagroye, J. (1997) "On ne subit pas son role, " *Politix* 38: 7-17.

Lallement, M. and Spurk, J. (eds.) (2003) *Stratégies de la comparaison internationale*, Paris: CNRS Editions.

Lequesne, C. (1999) "Interviewer des acteurs politico-administratifs de la construction européenne," in S. Cohen(ed.)*L'art d'interviewer les dirigeants*, Paris: PUF, Coll. "Politique d'aujourd'hui", 51-66.

Littig, B. (2005) "Interviews mit Experten und Expertinnen. überlegung aus gechlechtertheoretischer Sicht," in A. Bogner, B. Littig and W. Menz(eds.) *Das Experteninterview, Theorie, Methode, Anwendung*, 2nd edn, Wiesbaden: VS Verlag, 191-206.

Marmoz, L. (2001)"L'outil, l'objet et le sujet: les entretiens de recherche, entre le secret et la connaissance," in L. Marmoz(ed.)*L'entretien de recherche dans les sciences sociales et humaines. La place du secret*, Paris: L'Harmattan, 11-68.

Muller, P. (2003) *Les politiques publiques*, 2nd edn, Paris: PUF, Coll. "Que sais-je?".

Paillé, P. and Mucchielli, A. (2003)*L'analyse qualitative en sciences humaines et sociales*, Paris: Armand Colin, Coll. "U".

Pajon, C. (2001) *Forces armées et société dans l'Allemagne contemporaine*, Paris: L'Harmattan.

Sala Pala, V. and Pinson, G. (2007)"Peut-on vraiment se passer de l'entretien en sociologie de l'action publique?" *Revue Française de Science Politique* 57(5):555-598.

Smith, A. (2000) "Institutions et intégration européenne. Une méthode de recherche pour un objet problématisé," in M. Bachir, S. Duchesne *et al.*, *Les méthodes au concret, Démarches, formes de l'expérience et terrains d'investigation en science politique*, Centre Universitaire de Recherches Administratives et Politiques de Picardie, Paris: PUF, 229-252.

Weber, M. (2003; 1st German edn: 1922) *Economie et société*, Vol. 1: *Les catégories de la sociologie*, Paris: Pocket.

Weber, M. (1963; 1st French edn: 1959)*Le savant et le politique*, Paris: Editions 10/18.

10　小组访谈：一种社会戏剧艺术
——关于军事集团的动态 和利害关系的几点评论

赛义德·哈达德

【148】　本章旨在讨论军事背景下焦点访谈或小组访谈技巧的特殊性。它涉及影响研究动态和结果的因素或问题。其中包括：研究者的职位，包括他在选择受访者时的自主权以及在此类访谈组织方面的责任；小组的合法性和数据的可靠性；访谈的真正目的；对影响访谈的非语言因素的解释；以及进行研究的政治与社会背景。

本章内容基于两项调查研究。第一项研究（这里称为联黎部队研究）[1]于 2008—2009 年进行，旨在描述和分析法国军人的看法，包括他们对联合国驻黎巴嫩临时部队（联黎部队）作为一个组织和一项行动的看法，对他们的对口人员（联黎部队文职人员、其他国家特遣队）以及当地行动者，比如黎巴嫩民众、黎巴嫩武装部队或者真主党的看法。

该研究使用的数据来源于 120 份问卷[2]，这些问卷从三个部队收集，他们分别于 2007 年、2008 年、2009 年从黎巴嫩[3]返回。研究者在 2008 年 4 月、2008 年 5 月和 2009 年 6 月还进行了 9 次集体访谈。有 27 名士兵、31 名士官和 16 名军官参与。在每个团中，三个等级的三个组群非常突出，分别是：士兵、士官和军官。[4]所有接受采访的人都是由他们所属的团指定，来代表小组的。

第二项研究（Haddad et al.，2006）涉及法国国防部于 2004 年启动的联合军种改革。通过对这项改革的研究（这里称为联合军种研究），我们分析了法国武装部队内部的文化多样性问题是如何管理的。事实上，联合改革使法国各军种联系起来。但是，尽管政治、战略和运营变化使其合法化，但由于相关行动者的身份、做法和代表的冲突，它仍面临着一些阻力。

这项研究涉及半结构访谈，于2004—2005年在军事场所进行，访谈包括：26次个人访谈和1次焦点小组访谈。这个独特的焦点小组由6名陆军军官、3名海军军官、3名空军军官、1名宪兵军官和1名来自机构的军官【149】组成。小组访谈在军事学院[5]进行，所有的军官都是受训人员。

这两个研究项目都强调了这样一个事实，即通过军种间一体化或联合进程，以及在海外行动和联黎部队等维持和平行动特派团的多国背景下，武装部队内部经历了职业和文化多样性。这两项研究还涉及文化的概念，或者更准确地说，涉及文化遭遇或跨文化关系。在这里，采用动态方法，文化是"分析的结果，而不是给定的数据"（Izard, 2002: 191）。更确切地说，文化只有在相互面对时才存在。

文化（和身份）"是一个自我归属和互动中他人归属的问题"。因此，"从这个角度来看，调查的关键焦点变成了界定群体的（种族）边界，而不是它所包含的文化内容"（Barth, 1998: 6, 15）。

小组访谈技巧

访谈技巧是这两项研究调查的重点。无论访谈类型如何（面对面访谈或集体访谈），我们都将重点放在了与主题直接相关的参与者身上：部署在黎巴嫩南部的联合兵种战斗群部队的军事人员以及与联合军种改革有关的军官。我们专注于他们的经历和他们的感知（Jodelet, 2003），旨在了解这些人员是如何构建现实的。正如埃米尔·迪尔凯姆（Emile Durkheim）所言，感知（集体或个人）是社会现实（Durkheim, 2007; Moscovici, 2003）。例如，在黎巴嫩南部，根据士兵的军衔、与其他人（如当地人或其他武装部队的军事人员）的交往频率、士兵在其部队的任务、部队的目标和本地化以及国防军的现状，他们对这项联合国任务的看法与表述各不相同。对联合军种程序和改革的看法与表述也因军官所属的军种（分支机构）、军种的重要性、他或她在多军种运作或结构方面的经验等而有所不同。这种综合方法通过比较行动者的自我形象和他们对其他人的印象，有助于我们了解法国军队是如何利用其文化和物质资源的，以及他们是如何成为"社会的积极生产者"的（Kaufman, 2003: 23）。

两次调查之间的一个差异是集体访谈所起的作用。如果说在第二项研究中，独特的小组访谈是为了检验个人访谈后形成的一些假设，那么在第一项研究（联黎部队研究）中，集体访谈是调查的条件，它使得我们能够继续进行研究。

【150】   定义集体访谈并不容易。除此之外，焦点小组与小组访谈或集体访谈的区别是什么？如果本章的目的不是讨论焦点小组访谈的故事（Duchesne and Haegel, 2008: 8-34; Krueger and Casey, 2009: 1-15），那么定义我们所认为的集体访谈、小组访谈或焦点小组可能会有所帮助。

焦点小组可以被视为"在目的、规模、组成和程序方面的一种特殊类型的小组"（Krueger and Casey, 2009: 2）。焦点小组有一些具体的特征，如参与人数，参与者的同质性，提供质性数据，讨论是聚焦的以及有助于理解感兴趣的主题（Krueger and Casey, 2009: 6-8）。

其他人将焦点小组定义为"由研究者挑选和召集的一组个人，根据个人经验讨论和评论研究主题"（Powell and Single, 1996, quoted in Gibbs, 1997）。这意味着"小组访谈要同时采访多人，重点是研究者和参与者之间的提问与回答。"而焦点小组则依赖于"基于研究者提供的主题的小组内互动"（Morgan, 1997, quoted in Gibbs, 1997）。

阿兰·图莱恩（Alain Touraine）的干预社会学（即社会学干预，sociological intervention）代表了另一种小组访谈，在这种访谈中，所有参与者（受访者）的反馈是访谈的关键过程。基于所谓的"行动社会学"视角，该方法的目的是对社会现实采取行动并提供解决方案。

考虑到焦点小组在学术领域、非学术的单一市场或非营利性研究中的几种方法（Krueger and Casey, 2009: 143-153），可以发现，焦点小组技术的经典困境与它的目的有关：它是用来收集访谈过程中产生的数据，还是用来观察小组并研究小组内的互动？换句话说，这两个目的（收集数据和研究小组互动）是否相互不兼容？在我们看来，将访谈过程中的数据收集和互动观察分开似乎是人为的。为了避免这种混淆，我们更愿意使用"集体访谈"或者"小组访谈"这种表达方式。

　　我们无法将访谈过程(研究者和小组之间的讨论)与小组的动态或小组所有成员在讨论过程中的所有互动分开。这些互动为访谈过程中收集的数据提供了素材。这些数据是社会互动的结果(Duchesne and Haegel, 2008: 37-40, 42-43)，或者是这种社会戏剧艺术的后果，在这种艺术中，人们不得不在这些互动中投入自己(Goffman, 1974: 102)。这就解释了为什么要观察访谈是如何进行的，所有参与者(访谈者与受访者)是如何进行访谈的，以及访谈在哪里进行也是分析的一部分。访谈和观察访谈中发生的事情是研究的一个组成部分。

小组的信度和合法性　　　　　【151】

　　如上所述，我们必须注意到，这些集体访谈在两项研究中的地位并不相同。对于第一个项目(联黎部队)，小组访谈从一开始就被视为研究的第一步或探索阶段。面对实地(黎巴嫩)的一些困难，这些访谈本身被用作一种方法，并与问卷调查和一些个别访谈相结合。我们首先会见了士兵，然后是士官和军官，在最后一个团，我们先会见了军官，然后又会见了其他级别的军官。[6] 所有的采访都至少持续了两个小时，都是在团内进行的。对于第二个项目，集体访谈只是个人访谈的补充，在军事学院进行，在数据收集结束后进行。

　　也就是说，影响研究动态和结果的问题是什么？

　　访谈小组由军团指定的代表小组的人组成，可以被视为研究缺乏自主权。当我们联系部队或军事学院，进行联黎部队研究或联合军种的研究时，我们的主要要求和条件是受访者要与以下主题有关：根据联黎部队第二期任务的规定曾在黎巴嫩工作过或与军种联合改革有关。如上所述，参与者是由部队或军事学院选择的。

　　因此，在选择受访者时缺乏自主性可能会影响数据的可靠性。这些小组是该单位的代表吗？他们能合法地谈论自己的经历并成为所属单位的代言人吗？这种对招募访谈对象缺乏控制的情况可能会损害数据质量。事实上，只有知道如何交谈、与整个团队价值观相同的人才能被选中，但不能保证他们一定是最合适的访谈参与者。访谈最大的限制性因素是小组成员选择的人为性。

但从某种意义上说，尽管这些采访是有组织的，非常正式的（不是自然的），但这些团体是预先存在的。我们面对的是小群体（在社会学意义上的），其特点是关系紧密，共享相同的特定文化（军团文化）。这些群体具有同质性，尽管——我们得知——受访者是第一次聚在一起讨论在联黎部队和黎巴嫩的经历。这种社会团体的同质性很重要，因为这意味着所有的【152】参与者都应该处于平等地位。各个级别（士兵／士官／军官）的分组访谈或者小组讨论，必须允许每个参与者表达自己的观点，并防止等级控制。同质性使得参与者在访谈中十分自信，以至于访谈中的研究者和受访者处于不平衡的关系中（Le Breton, 2008: 177），或者受到"社会不对称"的影响（Bourdieu, 1998: 1393）。

然而，这种同质性也是相对的：小组内部存在显性和隐性的等级制度或权力差异。当然，无论军衔类别是什么，这些差异都与军衔有关，也与经验、在军队或部队的资历、参与者的个人特征（例如说得好或表达流利）有关。例如，我们注意到，在士官小组中，军士长垄断了发言权，而在一个军官小组中，一位授衔时间较长的年长上尉受到高级军官的尊重。

观 察 互 动

与一对一的访谈相比，集体访谈时研究者对产生的数据缺乏控制或控制相对较少，这种情况可以被小组讨论本身的动态抵消。事实上，我们必须注意到，观点的多样性，甚至权力的差异，都可以解放话语，打破塑造访谈进程的正式等级框架。小组访谈的动态性，会使小组成员产生共识或分歧，并且有助于在讨论中识别个人信息。研究者面对的不是一个有着独特身份和话语的排他性群体。正如欧文·戈夫曼（Erving Goffman）在《收容所》（*Asylums*）中指出的那样，即便在全控机构中，全体认同也无法持久存在。

作为研究者，我们面临着双重权力框架：团队内部的和团队与我们之间的（见下文）。换句话说，小组样本的人为性和小组内部的权力关系问题可以与"小组—研究者"关系问题相结合。

如前所述，小组访谈的地点也很重要，会对访谈本身产生影响。在联黎部队的研究中，除了在部队总部（HQ）的会议室进行的两次访谈外，大部分访谈都在（军）团内进行。尽管地点（总部的会议室）具有官方性质，但是这个房间平常、普通，看起来就像其他会议室一样。我们的受访者在我们的面前，以及左右两侧。[7] 研究者和受访者之间没有距离。这种座位顺序方便大家讨论，使每个人都能在发表意见时看到其他人的反应，知道其他人是同意或不同意。

这是一种嵌入（式的访谈），有助于缩小研究者和访谈小组的符号距 【153】 离。为了方便采访和表达个人意见，参与者之间的平等原则必须得到尊重，采访是双方的默认协议（Hugues 1996: 16, quoted in Le Breton 2008）。这就是座位排序在缩小参与者之间的社会距离以及使访谈尽可能正常普通等方面发挥至关重要作用的原因。在访谈中，要打破或尽可能减少符号暴力，尤其是在与那些被认为社会和文化资本低于研究者的参与者交谈时，必须遵循这一平等原则（Bourdieu, 1998）。

第一次访谈的地点（在第一团）有一些不同。地点是军团里的奖杯室（或传统室）。这个地点对参与者，特别是对年轻士兵和士官产生了深刻的影响。在这种情况下，我们必须更加努力来打破参与者之间的社会距离，尤其是当我们面对面坐在桌子两边时。这种座次（布局）强化了访谈的正式和官方性质。军官小组是一个例外，副指挥官取代了指挥官坐在圆桌会议的中央。因此，在访谈中，访谈的具体情境和参与者的地位或军衔都发挥重要作用，并且可能对数据产生影响。

研究者的角色

这个（传统）房间的庄严强化了研究者的重要性。因为研究者不仅来自国防部和圣西尔陆军军官学校，他们还被允许使用这个房间。

作为一名内部人士可以方便访问，并可以在访问之前和访问期间方便与士兵接触，那么在我们到达之前，军方当局向参与者介绍我们的方式也可能会影响访谈。例如，如果我们被介绍为"重要人物"或审查员（控制者），参与者与我们之间的沟通可能会很困难（不信任、害羞等）。

作为在军事学院工作的社会科学家，我们是否像一位受访者说的那样，被视为来自同一机构的（文职）同事、专家、潜在发言人或带有秘密事务的审查员（控制员）？受访者期望我们扮演什么角色？

解释影响访谈或调查期间态度的非语言因素，不仅是分析的一部分，还可以帮助研究者理解受访者扮演的角色以及他们希望我们扮演的角色。如前所述，访谈的座次顺序在态度、信念和反应的表达中起着关键作用。

【154】沉默、默许、�’嘴或狡猾的态度是访谈过程的一部分，我们必须对其进行观察和分析。必须要反复不断地分析受访者的意见及其表达方式。

这就是为什么我们必须坚守调查目的：通过减少上述"社会不对称"，让受访者放松，促进所有参与者之间的辩论和互动。这里所说的主持人，指的是从群体中获得意义的调解人。话虽如此，受访者的地位仍有待商榷。我们仅仅把这些军人当作线人，还是认为他们还有其他身份？换句话说，我们可以把他们看作参与研究的正式对话者吗？

事实上，正如人类学家拉普兰汀（Laplantine）所强调的那样：

> 悖论，也是人类学在社会科学领域的特殊性，并不是"从被观察者的角度来看社会科学"（如列维–斯特劳斯对社会学的定义），也不是从观察者的角度来看社会科学，而是在观察者与被观察者的边界或交叉点上出现的实践。（Laplantine, 2001: 206）

如果这种"悖论"或紧张是社会学或人类学实践的一个组成部分，那么我们必须注意，研究者面临的主要挑战是将受访者视为完全的对话者，而不仅仅是数据提供者，从而导致研究者必须将他们置于整个研究内进行考虑。在我们看来，拒绝"否认被观察者作为对话者"（Chauvier, 2011: 25）意味着被采访者和被观察者（在大多数情况下是同一个人）正在共同进行研究。一方面，这种共同生产效应是团队内部调解过程的结果，另一方面，这也是我们试图在作为内部人（来自同一机构，由于采用了综合方法）和作为外部人（作为社会科学家）的双重地位之间保持平衡的结果。

主持人的角色问题涉及了各个团的所有小组。团中的三个小组之间有一种对话，小组中出现了几种观点。在各个军团进行了同样流程的访谈后，我们可以看到军队中出现了共识或意见分歧。从某种意义上说，小组访谈不是独立的。不管小组的级别如何，我们遇到、讨论和观察的人在每个层面上都形成了埃利亚斯所谓的形象。这一概念有助于我们理解"相互依存链"（Elias, 1991: 159），并有一个更全局的视角。小组之间（团内部和团之间）存在明确和隐含的联系或关系：通过我们之前提到的内容，参与者会对同事所说的感兴趣的内容提出问题，或对听到的相同故事或相同主题提出问题。

最后但并非不重要的是，必须考虑上层（上层建筑）的社会和政治背景。在过去 15 年里，一些基本因素一直在塑造法国军事组织的社会和政治背景。排在首位的是 1996 年政治当局决定的职业化。自那以后，军事机构经历了很多变革或结构改革，其中包括 2004 年启动的联合军种重组。因此，如果我们调查中报告的许多观察和结论与这些结构性变化有关，那么其中一些也与法国的政治和战略背景有关。在法国新总统当选、新的《国防和国家安全白皮书》（2008 年 6 月）发布后，全面融入北约军事结构的决定以及法国驻阿富汗部队任务的改变，也对军事机构产生了巨大影响。【155】

再加上国防军的结构改革[8] 或高度紧张的预算，这些政治和战略变化出现了，并影响了我们的访谈。例如，士兵和军官在预算和装备方面绝不退让，这可能是因为这关系到他们在作战中的日常生活，也可能是因为我们的角色和职能不是很明确（研究者还是官员？）。有些人认为我们是潜在的代言人，可能会附和他们的意见。

结论：访谈作为一个现场

这些最后的讨论强调了我们作为与受访者来自同一机构的研究者的立场的模糊性。如果内部人/外部人困境——如前所述——是我们学科中的一个经典和传统的困境，那么我们作为机构内部人的地位就必须进行讨论。因此，首先要讨论的是研究者的角色。

关于社会学家在现场扮演的角色，雷门·戈尔德（Raymond Gold）在论文中——追随布福德·荣克（Buford Junker）的工作——为研究者定义了四种可能的情形：完全参与者、参与式观察者、观察式参与者和完全观察者。"观察式参与者"的定义可能是我们作为研究者的角色特征。

事实上，观察式参与者被定义为一种角色：

> 用于涉及一次访谈的研究。比起其他形式的非正式观察，它需要相对更正式的观察。与完全参与者或参与者的角色相比，它也意味着更少的"本地化"风险。然而，由于参与式观察者与线人的接触如此短暂，也许很表面，因此，这种角色比起其他两种角色来说更容易误解线人，也更容易被线人所误解。（Gold, 1958: 221）

【156】　　根据这一定义，主要风险是线人和研究者之间的误解，除此之外，还包括信息质量的保障问题。如果被线人误解——有时——很可能与我们的地位和职能有关，那么，我们对该机构的了解可以抵消我们访问各单位的短暂性。澄清我们的地位是我们角色的关键，一旦"田野工作者掌握了自己的角色，他就能帮助线人掌握他们的角色"（Gold, 1958: 222）。

此外，第二点需要讨论的是，访谈作为一个现场。在这一章中，我们看到访谈不仅是一种技巧，也是一个我们可以观察的现场。在这里，访谈是研究者的实验室，是内部人/外部人的传统困境出现的地方。作为实地工作的访谈，和作为一项技术的访谈一样，提供了很多信息。在访谈中，线人同时也是被观察的对象，研究者可以观察他们的态度、反应或处理团队内部微妙权力关系的方式，这也是研究者必须探索的数据来源。确实如此，"所获得的信息的质量和数量可能更多地取决于采访者的能力，而不是受访者的能力"（Caplow, quoted in Gold 1958: 222, n7）。

注释：

1. 与我的同事克劳德·韦伯（Claude Weber）的联合研究。待发表。Haddad（2010）讨论了一些结果。除特别提及外，本章将重点介绍这项研究。
2. 23 名军官、65 名士官和 32 名士兵。

3. 2008 年 4 月、5 月和 2009 年 6 月对一个机械化步兵营、一个信号排和一个坦克连进行了采访（达曼行动的第 6 和第 8 次任务）。

4. 在第一个部队，我们会见了 10 名士兵、10 名士官和 8 名军官；在第二个部队：10 名士兵、10 名士官和 5 名军官；在第三个部队：7 名士兵、11 名士官和 3 名军官。

5. 2005 年 4 月，接受采访。自 2011 年 1 月 20 日起，军事学院被命名为法国三军防务学院（Collège Interarmées de Défense）。

6. 此外，在午餐期间还与指挥官、副指挥官和军官进行了非正式讨论。

7. 在军事学院也是一样的座次。

8. 在联黎部队研究期间，宣布裁减 50 000 名男女军人。

参考文献

Barth, F. (1998) *Ethnic Groups and Boundaries: The Social Organization of Culture Difference*, Long Grove, IL: Waveland Press.

Bourdieu, P. (1998) "Comprendre," in P. Bourdieu (ed.) *La misère du monde*, Paris: Le Seuil.

Chauvier, E. (2011) *Anthropologie de l'ordinaire: Une conversion du regard*, Toulouse: Anacharsis.

Duchesne, S. and Haegel, F. (2008) *L'entretien collectif*, Paris: Armand Colin.

Durkheim, E. (2007) *Les règles de la méthode sociologique*, Paris: Presses Universitaires de France.

Elias, N. (1991) *Qu'est-ce que la sociologie?*, Paris: Pocket.

Gibbs, A. (1997) "Focus Group," *Social Research Update*, 19, University of Surrey. Online. Available at: http://sru. soc. surrey. ac. uk/SRU19. html (accessed 31 August 2011).

Goffman, E. (1974) *Les rites d'interactions*, Paris: Les Editions de Minuit.

Gold, R. (1958) "Roles in Sociological Field Observations," *Social Forces* 36(3): 217-223.

Haddad, S. (2010) "Teaching Diversity and Multicultural Competence to French

【157】

Peacekeepers, " in M. Tomforde (ed.) " Peacekeeping and Culture, " *International Peacekeeping* 17(4): 566–577.

Haddad, S. , Nogues, T. and Weber, C. (2006) *L'interarmisation: expériences vécues et représentations sociales*, Les documents du C2SD – SGA – Ministère de la Défense, No. 80, Paris: C2SD.

Hugues, E. C. (1996) Le regard sociologique, Paris: EHESS, p. 285 quoted in D. Le Breton(2008) *L'interactionnisme symbolique*, Paris: Presses Universitaires de France, p. 177.

Izard, M. (2002) "Culture, " in P. Bonte and M. Izard (eds.) *Dictionnaire de l'ethnologie et de l'anthropologie*, Paris: Presses Universitaires de France.

Jodelet, D. (2003) "Représentations sociales: un domaine en expansion, " in D. Jodelet (ed.) *Les représentations sociales*, Paris: Presses Universitaires de France.

Kaufman, J. –P. (2003) *L'entretien compréhensif*, Paris: Nathan.

Krueger, R. A and Casey, M. A. (2009) *Focus Groups: A Practical Guide for Applied Research*, Thousand Oaks, CA: Sage.

Laplantine, F. (2001) *L'anthropologie*, Paris: Petite Bibliothèque Payot.

Le Breton, D. (2008) *L'interactionnisme symbolique*, Paris: Presses Universitaires de France.

Moscovici, P. (2003) " Des représentations collectives aux représentations sociales: éléments pour une histoire, " in D. Jodelet(ed.) *Les représentations sociales*, Paris: Presses Universitaires de France, 79–103.

11 拉丁美洲士兵研究：将军、军士和游击队指挥官

德克·克鲁伊特

引 言

本章描述了一种研究风格的发展，这种研究风格是在研究拉丁美洲战 【158】争和政治中的军队，并对他们的对手进行研究时发展起来的：游击运动的指挥官；准军事部队的国家和地方指挥结构；以及合法和非法民兵的领导。我的研究主要基于对拉丁美洲军方高层和中美洲游击队领导层的采访。我还研究了军士出身的国家元首或内阁成员的背景、动机、情感和生活史，并两次为危地马拉和平谈判的口述历史做出贡献。

我总是采用质性访谈方法，给访谈营造一种亲密交谈的氛围，让受访者放心，同时，我试图通过将他们的生活、职业经历和当前的主题联系起来，以此吸引受访者对访谈的兴趣。我认为这是一种最舒服的方式，用一种体面的方式，跟随对方的思维方式，厘清他或她的记忆迷宫。事实上，我们是在共同信任的基础上进行访谈的。也许用"借来的信任"这个词更好，即通过可靠的中间人的介绍而产生的信任，从而保证研究者是可靠的。根据我的经验，如果没有中间人的介绍，沉默的制度文化永远不会被打破。

在自信和信任的氛围中进行访谈始终是一种双向沟通。你必须敞开自己，公开访谈背后的真实兴趣，用个人的亲密关系来回报私人的自白，让你的对话者畅谈他或她的家庭事务、生活经历、个人决策的特定时刻、个人成功的故事以及失望和挫折。对话的语气始终是尊重、感兴趣、邀请和

建立信任的，以便在官方的、意识形态或制度历史、有时是"强化"或"净化"的事件版本以及真实和亲身经历的事实之间做出选择。

【159】　　本文将按时间顺序介绍我自己的研究经历。我的研究项目顺序如下：

●关于秘鲁的维拉斯科（Velasco）将军的"武装部队革命政府"研究（1968—1975年），完成于20世纪80年代中期，并发表于20世纪90年代。1985年至1989年，我根据对现有出版物的细致综述，以及对维拉斯科政治军事集团几乎所有成员的广泛初步访谈，进行了自己的研究。[1]

●苏里南军事（联合）政府研究（1980—1993年）。我自己的研究是在2001年到2004年进行的，它是关于前军士转变成政府领导人和"非正式企业家"（古柯贩运者、热带木材出口商、黄金走私者）的独裁统治，以及一场从未完全记录在案的内战，这场战争的一部分是在当地毒品和走私的势力范围内。这项研究以个人回忆录、前文职政治家和幽灵作家的私人档案以及对大多数军事领导人的采访为基础。[2]

●危地马拉和平谈判的研究，特别强调两个关键角色的作用，罗德里戈·阿斯图里亚斯（Rodrigo Asturias，三个游击运动队之一的指挥官）和后来成为危地马拉国防部长的将军胡里奥·巴尔科尼（Julio Balconi）。1996年3月，在菲德尔和劳尔·卡斯特罗的斡旋下，游击队和武装部队在古巴达成了协议。这项研究产生了广播电台和电视节目以及两本书。[3]

●20世纪60年代至90年代中期中美洲军事独裁与游击战争的研究。这项研究是基于对现有文献的彻底审查，对前游击队司令员、前总统和内阁成员、军事指挥官及和平谈判代表的约90次采访。[4]

秘鲁将军

采访军人时，最令人惊讶的发现是，一代人的集体转型过程与个人生活史的融合。在这两项研究中，我直接采访了连续晋升（年组）的军校学员（秘鲁维拉斯科军官）和中美洲三次游击战争的领导层，我震惊于这两代革命者几乎相同的职业道路和从经验中获得的信仰体系。好像许多个人的生活史和职业选择都是由出身和社会阶层塑造的。

【160】　　在将近两年的采访中，我被维拉斯科领导层的三位成员"收养"了，他

们是将军豪尔赫·费尔南德斯·马尔多纳多、米格尔·安赫尔·德拉弗洛尔和拉蒙·米兰达。他们一开始就给我上了一门叫作"谁是谁"的临时课程，帮助我协调访谈，最后帮助我与维拉斯科的内阁秘书和私人律师取得了联系。令我吃惊的是，在内阁秘书的办公室，我发现了1968年10月至1975年8月内阁会议的完整副本。另一个获得机密访谈机会的基本渠道来自我的好朋友兼同事玛丽亚·德尔·皮拉尔·泰洛（Maria del Pilar Tello），她是维拉斯科将军采访合集的作者。在大多数情况下，我会转录采访的全文，让受访者更正初稿。在某些情况下，作为回报，我收到了许多页的新手稿，其中一些是他们自己日记的摘要。

维拉斯科1968年的政变和他的土地改革、国有化和民众组织计划是由一个上校团队准备的，这些上校有着许多相同的青年经历，他们都是城市贫民的孩子，他们的军旅生涯遵循着士兵、下士、中士、军官学员、军官、上校、准将和师长的顺序。当我出版这本书时，其中有一章是维拉斯科的传记，他的两位高级军官写了前言，对他们的老指挥官的军事美德进行了典型化介绍。这可能是他们每个人都具有的军事简历：

除此之外，我们认为这项研究的最大价值在于它见证和分析了维拉斯科将军的政治人格：有魅力的领导人，背景简单，是一名真正的士兵，表现出纪律、勇气、道德正直、自我克制、爱国主义和对人民的尊重。[5]

维拉斯科周围的一群军官都是军事精英，他们接受了军事情报精神的训练（大多数军官是国家情报系统的创始人）和军事知识分子的训练，与邻国巴西的参谋学校和政治军事培训机构中的民族主义军官如出一辙。巴西和秘鲁的军事知识分子具有不同的意识形态立场，他们在总参谋部、高级军事院校以及（军事或国家）情报部门中发挥着着关键作用。规划、行政经验和政府职责在上校和准将的课程中占有重要地位。从学习课程到制定地区和国家安全提纲，再到制定国家发展计划并不是一个跨越巨大的步骤。另一个步骤是从制定到实施。

整个维拉斯科一代都接受了秘鲁本土社会主义作家的理念教育，如20世纪30年代的马里亚特古伊（Mariateguí），这些作家浪漫地提到了过去被西班牙殖民主义和帝国主义摧毁的保护性的、斯巴达式的、社群主义的印加帝国。20世纪60年代末，联合国驻智利圣地亚哥办事处详细阐述了依

【161】 赖理论，对发展不足进行了解释。一些军官受到解放神学的影响，解放神学试图弥合《圣经》和青年马克思哲学之间的差距。在 20 世纪 60 年代初成立的高级军事研究中心（CAEM），许多年轻的少校和中校表达了他们关于通过"进步力量"实现国家发展的必要性的想法。正如这一代人中的一位成员所表达的那样：

> 我们必须成为这样一支军队，它可以通过修建了多少英里的公路、增加了多少千英亩的耕地、学会阅读或写作的人数、灌溉沟渠的长度、农村医疗诊所的数量以及国家控制了多少地区来衡量。也就是说，（我们必须）成为一支象征着所有国家的军队，这些国家和我们自己的国家一样正处于不发达阶段，由于缺乏资本、训练有素的专业劳动力和大量繁重的工作，由于利己主义和冷酷无情的领导阶级，以及一个失去信仰、动力和希望的民族，由于欺骗和剥削的影响，崩溃了，几乎病入膏肓……（这个国家需要）像古代十字军战士那样的，被信条和神秘之火所激发的军官，他们不仅要为军队服务，还要为国家发展做出贡献。[6]

1968 年 10 月的政变当天，维拉斯科团队中参加起义的十一位成员均为上校，他们都是军事知识分子。1967 年，维拉斯科成为军队指挥官，并开始组建以他为中心的参谋部。其中四名上校负责编写印加式的未来政府计划。另外两人起草了政变的军事行动计划。这十一个人，要么在政变当天，要么在政变后不久，被任命为新成立的总统顾问委员会（COAP）成员，COAP 即总统智囊团。智囊团分享并有时塑造了维拉斯科的思想，共同组成了他的政治记忆，为他提供建议，批评他（维拉斯科周围没有多少人敢这样做），并参与了所有重要的改革和国家事务。

他们中的许多人最初是普通士兵，就像维拉斯科本人一样，是为了赚点钱回家。大多数人出生在内陆的小村庄。他们通过晋升为下士、二等军士和一级军士，经历了漫长的军官培训之路。他们都知道什么是贫穷，知道饥饿是什么感觉。在 20 世纪 30 年代中期至 40 年代中期这段时间里，武装部队从国家的佼佼者中招募干部和军官。由于当时的政治局势，大多数公立大学关闭了。这些大学是通往学术界的大门，也是中下层阶级社会流动的过滤器。私立大学学费高昂，富人的孩子总是可以在国外接受教育。军官培训的候选人从每年 30 人增加到 300 人。整个国家一代中最优秀的人都进入了军事学校。【162】

他们成为朋友，与同类型的女孩约会，在同一年结婚，有时甚至成为姻亲。朋友关系、家庭纽带和象征性的亲属关系（compadrazgo relations）维持了一生。在许多情况下，他们是彼此的替代者、副手或继任者。他们分享一些核心观点和价值观。他们读了同样的书，受到了同一位作者的影响，受到了与解放神学关系密切的同一位宗教领袖的影响（尽管几乎所有人都是不可知论者）。他们的政治思想有点像社会主义。他们的民族历史观是在"印加社会主义帝国"的影响下形成的。他们在军校的导师是一流的学术进步派和民族主义作家。何塞·玛丽亚·阿圭达斯（José Maria Argüedas）和 20 世纪 30 年代社会党创始人马里亚特古伊等社会主义作家是他们的最爱。他们以班上最优异的成绩毕业。他们进入了军事学校，先是作为学生，然后是作为教员。几乎所有人都参与了 20 世纪 50 年代的武装部队重组。他们在职能部门、教学岗位和情报部门之间流转。20 世纪 60 年代中期，他们成立了内部研究小组。他们定期在利马会面，一起喝一杯，讨论政治、国家局势、秘鲁一体化问题，等等。

在整个 20 世纪 60 年代，他们的民族主义和进步取向一直在延续，即使他们中的大多数人在镇压游击队的反叛乱行动中担任情报官员或战斗小组指挥官。1965 年，在安第斯山脉地区的北部、中部和南部形成了三次游击运动。维拉斯科团队的大多数成员都被派往位于土著高地的游击队地区，他们对土著新兵所面对的不平等、缺乏教育和不公正的处境感到震惊。在总部，他们接待了前来报到的下级军官。他们听说了农民的工作条件，工资很低，并总是被分配到山丘边的贫瘠土地上。农民得到了一些种子，就不得不交出部分收成。他们的土地上满是岩石。地主们还采取极端手段，比如禁止上学。即将上任的军官讨论了这些事情，他们非常愤怒。他们在起草报告时感到恶心。他们向上级这样抱怨：

> 是的，我们正在镇压游击队，但我们忘记了一些事情。我们

忘了最初是什么导致了游击队的产生。我们消灭了结果，但没有触及原因。而这个原因才是需要被消除的；否则，游击队将会一次又一次地产生。

【163】　　因此，他们开始思考怎样消除这些原因，认为需要通过结构性改革来改变社会结构。而且，当没有政党计划实施这些改革时，军队就必须这么做。仅仅用了几个月的时间，他们就说服了自己，并向指挥官明确表示，秘鲁需要一场政变和一个革命政府来克服不公正的结构，重建一个所有人都能实现成长和发展的社会。

苏里南军士

　　苏里南是荷兰的前殖民地，自 1954 年以来一直作为王国内部的"自治国家"，并于 1975 年成为一个独立国家。铝土矿出口税、发展援助和欧元汇款是该国的主要（合法）收入。[7] 在独立谈判期间，荷兰政府同意了 16 亿欧元的一揽子援助计划。2000 年至 2002 年，我是两位研究负责人之一，负责对后殖民关系和这一援助计划的效果进行大规模评估。这是一份关于新殖民主义关系和公共资金灾难性浪费的研究报告，在（荷兰）议会[8] 的明确压力下，两年后才出版。它使我与苏里南的一部分政治精英建立了良好的个人关系。

　　（当时的文职）苏里南政府也曾在 1975 年要求组建一支国家军队；荷兰人遣返了一些殖民地军官和更多的苏里南裔卜士和军士。1980 年 2 月，独立后不到五年，一群军士发动了一场政变。德西·鲍特瑟军士长很快被提升为中校，在接下来的 30 年里，他将在政治舞台上发挥至关重要的作用。1980 年至 1993 年，他是在政治上拥有独裁权力的指挥官。1993 年，他不得不辞去军职，但作为 20 世纪 80 年代的"连任"总统、80 年代末至 90 年代中期的幕后领袖、90 年代后半期的"国家顾问"，以及后来当选的政治家和政党领导人，他一直是政治舞台上的重要角色。2010 年，鲍特瑟当选为苏里南总统。

　　当我的同事维姆·霍格贝根和我决定撰写关于军事政府的历史以及从

未记录过的苏里南东部一场未命名内战的历史时，我们求助于被鲍特瑟赶下台的平民政治家。这些平民政治家向我们提供了他们的日记、军事行动的文件，他们还允许我们进行长时间的采访，甚至安排我们与其他政客见面。采访前军官并不是很困难。他们中的一些人是社会主义者。一些人加入了鲍特瑟集团，从事有利可图的商业事务。一些人在行动中被杀或协助"自杀"；他们可能会因被发现的罪行而受到谴责。那些幸存下来的人渴望【164】讲述他们对革命的看法，有时他们在"盖世太保"面前进行集体访谈。"盖世太保"是鲍特瑟的得力助手，后来毕业于巴西高级军事学院，也是苏里南驻阿根廷、乌拉圭和巴西的巡回大使。我们唯一无法说服接受采访的人就是鲍特瑟本人。他的律师建议他不要与"殖民地研究者"进行讨论。[9] 这样，我们又回到了另一种"殖民"策略：在研究军政府时，我们通过中间人，使用了在军政府期间向荷兰大使馆提供军事顾问团内部精确可靠信息的相同来源，不知道信息来源的身份，但了解详细的内幕消息。

1980 年至 1987 年，苏里南连续七届由军民政府执政。在同一时期，由于世界铝土矿工业的严重衰退、荷兰 1982 年停止发展援助以及军事内阁的货币融资政策，苏里南的经济缓慢崩溃。伴随着经济衰落，苏里南饱受内战的困扰（1986 年至 1992 年）。由于这场战争，成千上万的马隆人移居到法属圭亚那。[10] 苏里南在 20 世纪 80 年代的十年军政府统治期间，以非法毒品贸易、黄金开采和木材出口为基础的平行经济占官方国民经济的 40%~60%。这种经济为 1986 年至 1992 年的内战提供了资金，当时正规军、叛乱的马隆人团体和几支准军事部队参与了游击队与平叛运动。与此同时，双方军事领导人在停战与和平谈判期间结成了可卡因伙伴关系。

1982 年 12 月，可能是在军队领导人鲍特瑟的直接命令下，15 名反政府分子在没有接受任何形式审判的情况下被处决。在"十二月屠杀"事件之后，苏里南的军事统治变得越来越独裁。鲍特瑟本人从一个有军事顾问的民间委员会手中接管了权力。与此同时，大量马隆人加入了国民军，新兵中有一个名叫龙尼·布林斯韦克（Ronnie Brunswijk）的聪明士兵。他很快就在军队里开创了自己的职业生涯。鲍特瑟把他送到古巴的一个特种突击队训练单位，然后安排他成为私人保安部队的一员。[11] 但布林斯韦克在 1984 年被解雇。从 1985 年 8 月开始，布林斯韦克率领一群年轻的马隆人攻击银行和军用车辆，这为他赢得了现代罗宾汉的美誉。荷兰反鲍特瑟组织的苏里南领导人希望与他会面。布林斯韦克前往欧洲，在回到苏里南时，他发现自己被任命为"苏里南民族解放军"或"丛林突击队"的领导人，并得到了关于财政支持的各种承诺，但大多数都没有实现。

【165】　　　抵抗运动迅速升级。为了将丛林突击队与其同情者隔离开来，苏里南军队采取了恐吓莫恩戈（Moengo）和马罗尼（Maroni）河地区全体马隆人的手段。很快，马隆人就成了反叛乱行动的受害者。村庄和定居点被掠夺、烧毁，并被推土机夷为平地。有时，军方会向他们视线中的每个人射击，造成数十人死亡，其中包括孕妇和小孩。据美洲国家组织观察员称，死亡人数达到300人。近10 000名苏里南难民（约8 500名马隆人和约1 500名其他人，主要是土著人）逃往法属圭亚那。

在"空无一人"的东苏里南，丛林突击队试图就马隆人遭受的一切进行报复。这不再局限于对军事目标的攻击，而是特别针对经济目标的攻击。各种袭击的结果是苏里南军方与1980年被赶下台的政客取得了联系。1987年的选举，旧的文官政党重新掌权，但军队领导人鲍特瑟成功迫使"老"政客做出了非常大的让步，以至于他能够在未来的许多年里为苏里南打上自己的印记。

1988年，战斗强度逐渐减弱。1989年7月，在库鲁（法属圭亚那的欧洲火箭基地）达成协议。然而，军方破坏了和平计划。文官政府受到鲍特瑟的强烈恐吓；大多数内阁成员从未被告知内战的情况。鲍特瑟是总司令，没有人想激怒指挥官。国民军开始武装一些土著群体，并在内陆地区获得政治影响力，同时保持不可动摇的地位。在库鲁协议失败和内战重新爆发后，政府与两个、三个、四个、五个武装行动者之间进行了漫长而复杂的谈判：武装部队、丛林突击队和军方支持的几个较小的准军事部队。1992年，在美洲国家组织的监督下，签署了一项更明确的和平协议（《民族和解与发展协议》）。

1990年，鲍特瑟通过电话发动了第二次政变。他的二把手"建议"文官政府离开总统府；否则，他们将被枪杀。在国际社会的抗议下，成立了一个"文官"临时政府来组织选举。旧的政党联盟再次赢得选举。鲍特瑟保住了军队总司令的职位。事实上，他成功地在他的军事朋友和前对手布林斯韦克之间瓜分了苏里南领土。鲍特瑟和布林斯韦克仍然控制着毒品、黄金、热带硬木和奢侈品的特定通道与走私路线。

六年的战争使苏里南内陆处于崩溃状态。和平得以恢复，但重建从未真正实现。由于战争，东苏里南几乎与该国其他地区完全隔绝。从内陆到 **【166】** 海岸的贸易路线转移到法属圭亚那，食品和其他供应品必须用法郎支付，然后用欧元支付。丛林突击队刺激了黄金开采和走私，将其作为战争的收入来源。贩毒成为另一个收入来源。黄金取代了东苏里南的硬通货。从那时起，一分克黄金就代表一个特定的价值，每个人都知道等值的欧元或美元汇率。

1993年，鲍特瑟的经济和军事活动与文官政府再次发生冲突。这位陆军指挥官提出辞职，并威胁说"那些感觉受到侮辱的男孩将发动另一场政变"。这一次，下级军官对战争年代以及上级的特权和非法商业生涯感到厌恶，他们在政府大楼周围组建了一支保护干部的队伍，并公开要求鲍特瑟下台。他们的领导人默库尔市长被提升为上校，并被任命为新的军队指挥官。鲍特瑟一向是街头名流，这一次也是明智的，他进入了政治舞台，已经是一位富有的商人，成为一名平民政治家和一名新生的基督徒。他参加了1995年、2000年和2005年的全国选举，不断获得更多选票和声望。2010年，他与他的老对手结成了政治联盟，政治家兼国会议员布林斯韦克也加入了该联盟。鲍特瑟当选总统，布林斯韦克负责国家情报。

危地马拉和平谈判

1998年和1999年，我是荷兰公共频道VPRO电台和电视纪录片团队的成员。我们制作了两部大型纪录片，重点关注两位关键人物，他们在正式和平谈判期间发起了私人对话，并慢慢建立了一种个人信任，甚至是友谊：游击队领导人罗德里戈·阿斯图里亚斯（Rodrigo Asturias）和军队领导人胡里奥·巴尔科尼（Julio Balconi）将军。我们在三周的时间里对两位主角进行了广泛的采访。30多个小时的采访，在节目中我们只使用了一个小时的内容，但之后我们把剩余的录音带转录成了一本书的章节内容，这本书在一个月内就卖光了。胡里奥·巴尔科尼对自己被描绘的方式并不完全满意。他觉得我们未能研究军队与游击队谈判的具体情况，过了一段时间，我们决定根据巴尔科尼（非常好）的记忆、日记和最近出版的关于和平进程的文件，启动一个新书项目。

军队和游击队之间的和平谈判一直被一种沉默的文化所包围。第一次非正式的无记录接触是在哥斯达黎加的酒店，与当时的文职当选总统维尼西奥·塞雷佐（Vinicio Cerezo）会面。后来在西班牙的埃斯科里亚尔（El Escorial）举行了非正式的会谈，西班牙王室在那里主持了游击队代表与文职和军队代表之间的会谈。代表团团长和塞雷佐的一位密友在返回危地马拉时，"在神秘的情况下"——这在当时是出于政治动机的杀戮的标准表达——被暗杀。塞雷佐成立了一个民族和解委员会（National Reconciliation Commission），由危地马拉大主教（后来是红衣主教）领导；其他成员是各党派的政治家，其中一名退休的军事政治家担任游击队和将军之间的联络人。

危地马拉军队中仍然掌权的强硬的保守派极不愿意参与和平谈判。但1991年当选的新总统塞拉诺·埃利亚斯（Serrano Elias）决定接管军队，并作为最高指挥官明确指示顽固不化的将军组建一个常设军事代表团，作为政府代表团的组成部分。幸运的是，被任命执行这项任务的高级上校和少将很快就被提升到军事层级的高级职位。新一代军官们终于相信通过谈判结束战争的必要性。从军事角度来看，军队对游击队的影响是显而易见的。陆军司令部希望继续战斗，但逐渐相信谈判解决的必要性，前提是他们取得的重要成果将被确认为任何最终协议的一部分。如果和平谈判未能取得令人满意的结果，那么危地马拉游击队领导人准备再战斗十年或更长时间。正是在这些历史性的沉重期望的重压下，谈判在1991年至1996年时断时续地进行。

1993年5月，塞拉诺总统选择暂停宪法，并在军队的协助下进行自我政变。然而，在危地马拉，这一政变企图立即引起了广泛的民众抗议。军队领导层的决心开始动摇，并咨询了宪法法院，宪法法院宣布这一企图违宪。自我政变失败后，危地马拉议会任命当时的国家人权监察员德莱昂·卡皮奥（De León Carpio）为总统。上任后不久，德莱昂·卡皮奥从内阁中清除了军事强硬派，并任命了更为进步的部长，这些部长在游击队眼中更容易被接受。新成立的民间部门大会（ASC）由大主教领导，由工会官员、新闻记者、马隆人代表和其他民众运动领导人组成，作为一种议会外的支持团体而发挥作用。1994年，由于第一项关于人权的部分协议，在危地马拉成立了一个联合国核查团（MINUGUA）：在1996年达成最终和平协议后，核查团的任务是监督和解条款的遵守情况。

1991年4月，在墨西哥举行了一系列长期和平谈判中的第一次谈判。【168】政府谈判小组由文职政府任命人员和四名军事代表组成。游击队由高级指挥官代表，顾问陪同。正式谈判持续了六年之久，在此期间，游击队领导人认为最好退出谈判桌，谈判因此出现了几次中断。1996年12月，签署了最终和平协议，使以前的所有部分协议得以生效。可以公平地得出的结论是，与安全有关的协议的成功是军队和游击队之间逐步和解的结果。两大主角阿斯图里亚斯和巴尔科尼，是决定性的。在每两周的谈判过程中，在午餐或晚餐休息期间，他们建立了融洽关系和相互信任。双方都同意让对方了解自己营地内的敏感情绪和易感性，以避免在公开会议期间发生不必要的摩擦。在私下谈话中，他们就遣散和解除武装、裁减军队和废除各种警察组织的建议交换了看法，新的安全理论及其他事项都以讨论的方式让对方接受。1993年初，他们共同努力在军队司令部和游击队领导人之间建立直接对话。在巴尔科尼和四名游击队员指挥官进行了初次会谈后，军队指挥部说服总统，建立军队代表团和游击队领导人之间的高层论坛。第一届会议在墨西哥坎昆举行，没有大张旗鼓。

1996年，新当选的总统阿尔苏任命巴尔科尼为国防部长，在总统的完全同意下，军队和游击队领导人之间的谈判得到了加强。他们私下里问对方："和平之后我们会怎么样？"在另一次会议上，游击队员半开玩笑地建议下一次会议应该在古巴举行。巴尔科尼接受了挑战，通过中介人在哈瓦那组织了为期三天的会议，由菲德尔和劳尔·卡斯特罗主持。哈瓦那会议标志着军队和游击队之间的决定性和解。紧接着，司令部宣布单方面停火，巴尔科尼下令解散令人憎恨的准军事巡逻队。军队参谋部和游击队二把手制定了解除游击队武装的时间表，并于1996年12月签署了和平协议。

我们根据三个星期的访谈写作了这本书，每天访谈三次，每周访谈七天：访谈时段分别为10时至12时、14时30分至17时、19时至21时。

【169】 从内心来说，军人是斯巴达人，巴尔科尼和我都希望能连续进行一系列不间断的工作会议。此前，我们对可能的章节系列做了一个概述，逐条列举了危地马拉武装部队的简短历史、内部结构及其（当时）关于对手的情报。我们还决定插入一段关于几十年战争的个人历史、职业历史和一般历史。在每天访谈结束时，我们会决定接下来两天的兴趣点。巴尔科尼将军比我更严谨自律：他总是在我们最后一次晚间会议结束后的第二天早上，根据日记做笔记。他的女儿是一名政治学家，她转录了采访内容，有时还会更正事实数据。之后，我将60次访谈的数据，分组放到草稿章节中。巴尔科尼随后改写了部分文本（我更喜欢原始录音版本，带有白话和旁白注释，但这本书过去和现在都是将军的书）。在古巴，我们在采访结束的一年后回顾了最终文本，当时巴尔科尼将军刚从一场几乎致命的事故（或袭击）中康复。

中美洲游击队司令部

采访萨尔瓦多、危地马拉和尼加拉瓜的游击队领导人，意味着重新发现个人生活史与革命一代的演变之间的奇怪关系。1988年至1992年，我在中美洲担任发展外交官，在萨尔瓦多、危地马拉和尼加拉瓜度过了大量时间。在这些年里，我结识了直接参与和平谈判和战后重返社会进程的人士与机构。三个游击队组织进行了三次平行的战争，每一个游击队组织都由年轻一代的城市知识分子领导。他们渴望推翻本国的军事独裁政权，建立社会主义社会，根除长期掌握政治和经济权力的前独裁政权与寡头统治的腐败及不平等。

研究的主要数据包括对每次冲突双方的政治和军事领导人以及社会科学家和知识分子的90多次采访。大多数访谈是在2004年至2007年进行的。在危地马拉，1994年和1999年也进行了几轮访谈。[12]几乎所有访谈都是以开放式对话形式进行的，持续时间为一至三个小时，一些人接受了不止一次的访谈。在罗德里戈·阿斯图里亚斯和胡里奥·巴尔科尼（见上文）的案例中，这些采访持续了几年。当我开始在危地马拉进行研究采访时，他们帮了我很大的忙。之后，我在萨尔瓦多待了几个月，那里的同事非常

慷慨地向别人介绍我。在萨尔瓦多和平协议签署后，鲁本·萨莫拉(Ruben
Zamora)是第一位代表阵线的总统候选人，他让我免费查阅了他的私人档
案、他自己对游击队那代人的采访，并帮我联系了其他知名的游击队成
员。2006年，我在尼加拉瓜进行了三轮采访，总共五个月。一些备受尊敬 【170】
的指挥官向他们的同事介绍了我。马那瓜中美洲大学尼加拉瓜和中美洲历
史研究所所长玛格丽塔·瓦尼尼(Margarita Vannini)说服了一些关键人士，
让我采访他们。马那瓜中美洲大学(前桑地诺研究所)是尼加拉瓜的一个文
化聚集地。只有通过她的个人帮助，我才能进行那些敏感的采访。这证明
了一个事实，即只有在受人尊敬的中间人和同事的慷慨帮助下，才能开始
工作。

有时，受访者还会以日记、个人文件或正式回忆录的形式向我提供他
们的书面思考。这三个国家的文学想象作品也被纳入了查询范围；中美洲
是军人小说家和英雄诗人聚集地。[13] 几位和平谈判代表和内阁成员向我提供
了他们的私人档案。听录音采访和阅读以前的研究者在出版物中使用的书
面资料，让我受益匪浅，这些资料存放在圣萨尔瓦多中美洲大学图书馆的
一个特别档案中。我广泛使用了原始资料，包括冗长深入的访谈、未出版
的私人档案、学术研究和政府报告、同情与敌对立场的文件和白皮书、已
出版和未出版的回忆录、游击运动发行的油印品和小册子。此外，还查询
了许多次要资料，包括其他研究者和记者进行的采访。[14]

就像秘鲁的维拉斯科将军一样，萨尔瓦多、危地马拉和尼加拉瓜出现
了一代政治上躁动不安的人，他们强烈受到对独裁和社会不公的愤怒情绪
的影响。这一次，革命一代的成员大多是在国立大学和耶稣会大学学习的
城市中产阶级家庭的孩子。20世纪60年代末和70年代初是依附理论和解
放神学的鼎盛时期。这一代的许多年轻人找到了发泄他们对中等教育机构
和大学学生运动既定秩序不满的渠道，其中许多学生被游击队招募。

另一个革命阵营来自受到宗教启发的基督教基地社区，该社区在20世
纪60年代和70年代为中美洲民间组织提供了大量领导人。这些团体从解
放神学中获得了思想支撑，解放神学在学生运动中也产生了重大影响。尼
加拉瓜和萨尔瓦多可能有将近一半的指挥官，都与这两个天主教研究小组
有关。少数领导人来自其他地方：工会、城市街区的基层组织和农民协

【171】 会。危地马拉和萨尔瓦多的左翼政党（主要是共产党）干部也是杰出革命领袖来源之一。一些小型政治军事组织是后来国家游击队组织的组成部分，由激进共产主义青年的前成员创立。

最后，年轻的军官有时会改变立场，加入地下组织，而资深军官则担任年轻游击队员的军事教官。从 20 世纪 40 年代中期到 50 年代末，在萨尔瓦多和危地马拉军队转变为反叛乱机器之前，年轻的军校学员和初级军官中存在着一定的反叛倾向。尼加拉瓜和萨尔瓦多的指挥官都非常年轻。1979 年，桑地诺游击队领导人击败索莫扎政权时，年约 25 岁；唯一的例外是中年的汤姆·博格。大多数萨尔瓦多领导人甚至更年轻。

圣地亚哥·圣克鲁兹（Santiago Santa Cruz）先是一名医生，后来成了一个游击队的指挥官，他描述了 20 世纪 70 年代末危地马拉大学的情况：

> 你必须在公立医院住院实习，那里的极端贫困和严重不平等总是显而易见的。此外，许多教授都活跃在 ORPA（罗德里戈·阿斯图里亚斯的游击队组织）的队伍中。在我们的农村实习中，监督专业实习项目的协调员，就是这样的。还有其他医生也很活跃。因此，圣卡洛斯大学医学院的整个基础设施都由 ORPA 支配，以供应其战斗群体的需要——汽车、土地和学校。许多医生同情这一事业，并前来监督不同城镇的学生，他们携带武器和弹药，并运送游击队所需的其他物资。[15]

在接受采访的 60 名游击队员中，许多人带着怀旧之情明确地提到了他们的大学岁月。其中至少有 20 人后来返回学术界或从事非政府组织研究。他们中的一些人甚至被邀请到美国或欧洲大学讲授战后政治。即使在战争年代，一些萨尔瓦多的主要成员也抽出时间，在学术期刊上发表文章或在学术出版物上发表文章。

宗教的影响也是巨大的。与人们听到里根政府不断谴责中美洲无神和共产主义时可能想到的相反，现实情况是，天主教牧师以及来自不同新教教派的牧师和非信徒，大量加入了不同的游击队运动。其中之一是萨尔瓦多的达戈贝托·古铁雷斯（Dagoberto Gutiérrez）指挥官：

我接受了基督教教育。但我比以前更像一个共产主义者，你
知道，我现在已经60多岁了。当时除了从耶稣基督那里学到的东
西，我对政治一无所知。我对共产主义和资本主义一无所知。这
是我从马克思那里学到的。后来，我发现了耶稣和马克思之间的
亲和力……如果你看看我们这些领导战争的人，你会看到大学毕
业生、专业人士、牧师。抵抗运动和教会之间的这种联姻是不可
避免的。这是一场预言中的婚礼。为什么会出现这种情况？我们
的运动既不是反教权的，也不是无神论的。从不！甚至共产党的
队伍中也有带着《圣经》的牧师。我们共产主义者有自己的牧师来
解释这场革命。当时没有反教权主义，没有无神论……我说的是
所有的教堂。这种关系非常重要——它是普世的。天主教和新教
都做出了承诺。两者之间从未发生过任何战争。那些无知的美国
佬从来不知道他们在和谁战斗。[16]

然后是马克思主义的影响，一种特殊形式的马克思主义，即"古巴面
孔的共产主义"。毫无疑问，古巴革命的影响和古巴的榜样力量是不可抗
拒的。古巴及其两位主角菲德尔·卡斯特罗和切·格瓦拉在重要性上超过
了所有其他人物和运动。由于这样或那样的原因，几乎所有中美洲国家的
指挥官都曾不止一次来到古巴：进行军事训练、与古巴领导人协商、医
治、学习、休闲和休息。除了少数例外，他们从直接经验中知道的唯一胜
利的革命后的社会是古巴社会主义。以菲德尔为战略家、切·格瓦拉为战
役英雄，劳尔·卡斯特罗迅速将富尔扎斯武装革命军打造成一支强大的军
事力量，赢得了整个拉丁美洲的几代左翼民族主义者对古巴的高度尊重。
卡斯特罗在猪湾击败美军训练部队，奠定了他的偶像地位。格瓦拉是一位
多产的作家，他发表了大量关于游击队理论的文章，并成为受人尊敬的叛乱
战略大师。拉丁美洲革命者对古巴领导层的高度尊重，意味着古巴模式在过
去20年中一直是每个左翼民族主义叛乱分子心中的理想社会的形象。因此，
作为一名革命者和认同自己是马克思列宁主义者被视为一回事。

古巴对中美洲游击队的支持虽然稳定快速和持续不断，但基本上仅限

于提供军事训练以及政治和军事战略建议。考虑到菲德尔·卡斯特罗的年龄和近乎传奇的地位，相对于中美洲指挥官，他在某种程度上扮演了父亲的角色。切·格瓦拉关于游击队战略的著作，他在游击战中的个人记录，以及他在战斗中被俘后的英勇牺牲，加上他对革命事业的坚定奉献，使他在拉丁美洲革命者心中成为一位圣人。我采访过的几乎所有指挥官都承认菲德尔和切作为榜样的重要性。20 世纪 70 年代，尼加拉瓜年轻的桑地诺新兵"在祖国、历史和切·格瓦拉面前"庄严宣誓效忠。父亲菲德尔在中美洲战争的几十年里一直是一个偶像。

【173】

1979 年桑地诺革命后，马那瓜和拉哈瓦那成为中美洲革命者的休息和休闲之地。尼加拉瓜和萨尔瓦多的游击队领导人年龄相仿，有着相同的价值观和战斗经历，他们之间的长期友谊一直持续到现在。20 世纪 80 年代初之后，危地马拉游击队一代处于防御状态，主要在偏远的农村地区活动（而主要的指挥官则留在墨西哥城），与中美洲和古巴游击队失去了联系。当他们在 1996 年初的军队-游击队谈判期间返回古巴时，危地马拉军队通过中间人与古巴领导层进行了接触，这是很重要的。

然而，在危地马拉达成和平协议 15 年后、萨尔瓦多实现和平 20 年后以及尼加拉瓜推翻索莫萨独裁政权 30 多年后，游击队一代仍然作为"一代人"的身份存在。除了少数例外，他们在私人谈话中仍然使用游击队的军衔。在萨尔瓦多和危地马拉，他们与以前的军事对手和解。他们之间有一种制度上的尊重；他们总是遵循正式的等级和礼节。正是军人职业成为跨越意识形态距离的桥梁。在尼加拉瓜，前游击队军官仍然是两个最强大和最受尊敬的国家机构的骨干：武装部队和国家警察。

方法上的考量

这种采访是口述内战和革命期间，包括军事革命和军事政府期间隐性和明确的战略战术历史等主题的工具；关于核心圈子内的政治和军事决策；关于领导层内部的正统观念、主导思想和异端的讨论；关于秘密行动和秘密谈判。事实上，在这里，它指的是完成对重要的非官方当代历史的信息和评估所需要的所有要素：反叛乱行动、和平谈判、军方和"文职"政治家之间的协议、经济和政治精英以及后军政府之间的政变前谈判。

对拉丁美洲士兵进行研究，无论是军事人员、游击队成员还是准军事【174】组织的附属机构，都需要对军事精神和文化、团队精神以及"平民"保持沉默的文化保持敏感。我用"平民"一词指的是两个不同的部分：明确区别于军事和安全事务的普通公众，以及那种具有军事和安全意义的"大家庭平民"：外交官、历史学家、社会和政治科学家。另一种是"专业人员"和"技术人员"，如医生和工程师，通常被纳入军队的等级结构，但不被视为真正的士兵。如果他们讨人喜欢的话，大家庭平民将被允许进入我在导言中提到的共享或借来的信任领域，这是基于信任的采访必不可少的先决条件。就我而言，作为一名政治社会学家或社会人类学家，曾从事军队发展事务的研究，这是建立信心的另一个因素。

直到 20 世纪 90 年代中期，"国家发展"和"国家安全"一样，是拉丁美洲军事稳定与安全问题的重要组成部分。在漫长的几十年里，拉丁美洲一直是政治战士和军事政治家的大陆。作为一支稳定力量，作为"无私的仲裁者"，作为宪法的保护力量，作为国家发展的守护者，军队不断干预政治事务。总的来说，军事意识形态根深蒂固，强烈认同国家的命运、秩序的普遍性，特别是国家完整性的保护以及国家的实力和发展。

军队和游击队成员习惯于听从指挥，但也可以进行毫不含糊的报告和评估。一旦获得了军人伙伴的信任，他或她就会"报告"过去的情况，并"评估"以前行动的结果。当然，总会有一些制度上的禁忌需要尊重：例如，担心有人会将"家丑外扬"。然而，当受访者确信研究者的可靠性，并得到某种"机构许可"后，就很容易开始就实质性问题进行深入访谈。

在访问将军和游击队领导人关于更多军事方面的问题时，我没有发现这两类士兵之间的明显差异。对这两类士兵而言，荣誉和领导力都是至关重要的。在这两个案例中，士兵的生活史部分都是重要的兴趣支柱。两者出现差异的地方是机构忠诚。军队的忠诚是对武装机构的忠诚，军队的骄傲是其高尚的行为，军队的恐惧是对后来被认定为侵犯人权者的巨大（但未公开）禁忌。游击队归根结底是忠诚于他/她所属的政治军事组织或伞式组织的政治动机和政治路线。[17] 游击队的骄傲是"好革命者"，他或她的恐【175】惧是被排斥为叛徒或"反革命者"。

在研究中美洲冲突后时期并启动一个关于古巴革命一代的新研究项目时，我可以证实这一从未被广泛分析过的"骄傲-恐惧"综合征。在拉丁美洲其他地区大约 15 场游击战争以及非洲之角和南部非洲几次决定性军事干预中，古巴是祖国和永恒的象征与灯塔。在古巴、萨尔瓦多和尼加拉瓜，人们可以看到前游击队领导人向国家政治人物（在古巴和尼加拉瓜，实际的总统，在萨尔瓦多，实际的副总统都是前游击队的主要领导人）和高级军事人员的有趣转变。在尼加拉瓜，1979 年之后的所有军队指挥官，以及 1959 年（革命胜利之年）之后的古巴，所有四星和五星高级将领都有游击队军官的背景。他们真正的声望不是通过他们最高级的军衔来表达的，而是通过他们以前的游击队军官级别（中尉、上尉、大队长和少校）来表达的。海军少将是"上尉"。切·格瓦拉是少校（指挥官）；菲德尔·卡斯特罗仍然是"总司令"。总统、副总统和内阁成员被称为"指挥官"。在这些情况下，他们的忠诚和"骄傲-恐惧"结构是由他们对党组织的归属决定的，党组织是他们以前游击运动的继承组织。

这种访谈方式有两个最终无法解决的弱点。第一点是信息可靠性的难题。在对荣誉、失败和悔恨等交织在一起的敏感主题进行深入访谈时，自我辩护和个人记忆的扭曲当然总是危险的。我只能假定查阅了所有记录在案的历史和出版的文件。无论如何，这将避免引入有意识的错误历史信息。唯一但并非完全令人满意的解决方案，是将访谈的数量扩大到这样一个程度，即让不同人员至少一次或多次就相同细节进行采访。第二点是何时停止收集信息的问题。我使用了一种饱和原理：当相同的信息和解释被几个独立的来源证实时，就可以假设达到了某种"数据成熟度"。这里讨论的两个弱点都使得这种采访方式有些脆弱。但是，当口述史是唯一的数据来源时，在方法上也就没有其他选择了。

我最后要讨论的是访谈期间和访谈后的个人关系。我总是提供一对倾听的耳朵，从来没有在访谈时表达过个人的判断。如果被问及我的私人意见，我总是回答说，我只是想了解在困难的情况下做出的艰难决定和采取的影响深远的行动。有时，我感觉自己好像被要求扮演一种模棱两可的治疗者角色，即研究者-采访者。我确信，允许我进行几次采访的一些动机是为了展现一幅富有同情心的画面，描绘男人和女人在困难情况下（如果不是英雄的话）的行动。此外，也许除了苏里南军事领导人的访谈外，我几乎没有遇到过自吹自擂或自命不凡的人。特别是在古巴的采访中，我注意到一种谦虚的精神。

在我对军队领导人、将军、前军事部长和游击队领导人的 160 多次采访结束时，总有一个话题被默认，如果用随便一点的话来说，那就是：值得吗？实施政变和迫害政治反对派；长期执政的军政府；游击行动中的绑架和处决，以及反叛乱行动中的暴行。这一切都涉及军队和游击队领导层的未来地位，以及要对子孙后代负责的明显的个人需要。

注释：

1. Published as Kruijt（1994）. 我在 Kruijt（1991）的书中写了关于后维拉斯科时期（1975—1980 年）军政府的文章。

2. Published as Hoogbergen and Kruijt（2005）.

3. Published as Kruijt and van Meurs（2000）and Balconi and Kruijt（2004）.

4. Published as Kruijt（2008）.

5. 克鲁伊特的前言（Kruijt，1994：viii），由前外交部长（1972—1976 年）米格尔·安赫尔·德拉弗洛尔将军，前教育部长（1975—1976 年）和总参谋长（1981 年）拉蒙·米兰达将军撰写。

6. 引自《秘鲁需要什么军队?》，《秘鲁军事教育中心杂志》，1962 年 3 月至 4 月（原文）。

7. 苏里南有 50 万人口；35 万居住在该国首都帕拉马里博。在荷兰，还有 35 万荷兰-苏里南人。

8. Published as Kruijt and Maks（2004）.

9. 然而，一位中间人向我和一位比利时记者咨询了幽灵书写鲍特瑟回忆录的可能性。

10. 马隆人是苏里南奴隶制时期逃离种植园的奴隶的后代。这些逃犯在与法属圭亚那接壤的马罗尼河（Maroni river）周围的内地村庄里，以部落的形式组织起来。在苏里南有五个马隆人部落/族群：Ndyuka、Saramaka、Matawai、Kwinti 和 Paramaka。

11. 在 12 月的谋杀事件之前，苏里南军方梦想着进行社会主义革命，并与古巴建立了外交关系。然而，1983 年，巴西军方邀请他们参加了一次"对话"，提出军事合作，并发出明确信息："要么他们(古巴人)出去，要么我们(巴西人)进来。"古巴人走了。

12. 1994 年，危地马拉国防部长准许我访问现役的 12 位将军(10 名准将和 2 名师长)。我还采访了大约 15 位退役将军，其中大多数是著名的反叛乱指挥官。

13. 萨尔瓦多可能是世界上唯一一个两个对手都是诗人，先是坐在桌子两边进行和平谈判，然后又合作出版了一本诗集的国家：阵线中五位"保守派领导人"之一的费尔曼·西恩富戈斯(Fermán Cienfuegos)指挥官和作为克里斯蒂亚尼总统的演讲稿撰写人兼顾问的大学校长大卫·埃斯科瓦尔·加林多(David Escobar Galindo)。

【177】 14. 我甚至意识到了以前恋爱关系的重要性。在一个案例中，危地马拉游击队指挥官的爱人向我解释了国家游击队政治军事组织成员之间复杂的战争和爱情关系。在尼加拉瓜，几十年来，男女指挥官之间的爱情关系以及指挥官之间的复杂关系影响着公共和私人事务。

15. Kruijt(2008：45)。

16. Kruijt(2008：53)。

17. 例如，武装人民组织(Organización del Pueblo en Armas，ORPA)1971 年成立，并于 1982 年与其他政治军事组织(即游击队)合并为危地马拉民族革命联盟(*Unidad Revolucionaria Nacional Guatemalteca*，URNG)的伞状组织，在 1996 年和平后，于 1999 年成立政党。或是人民革命军(Ejercito Revolucionario del Pueblo，ERP)成立于 1972 年 3 月，于 1980 年与其他四个游击队运动合并成为法拉本多·马蒂民族解放阵线(Frente Farabundo Martí de Liberación Nacional，FMLN)的伞状组织，1992 年和平后，在同年成立政党。

参考文献：

Balconi, J. and Kruijt, D. (2004) *Hacia la reconciliación. Guatemala*, 1960—

1996, Guatemala: Piedra Santa.

Hoogbergen, W. and Kruijt, D. (2005) *De oorlog van de sergeanten. Surinaamse militairenin de politiek (The Sergeant's War: The Surinamese Military in National Politics)*, Amsterdam: Bert Bakker.

Kruijt, D. (1991) "Peru: Entre Sendero y los militares, " in D. Kruijt and E. Torres - Rivas (eds.) *América Latina: Militares y sociedad*, San José: FLASCO, Tomo II, 29-142.

Kruijt, D. (1994) *Revolution by Decree*. Peru 1968—1975, Amsterdam: Thela Publishers(Thela Latin America Series).

Kruijt, D. (2008b) *Guerrillas. War and Peace in Central America*, London: Zed Books. Also published as *Guerrilla: Guerra y paz en Centroamérica*, Guatemala: F & G Editores, 2009 and as *Guerrillas: Guerra y paz en Centroamérica*, Barcelona: Icaria Antrazyt Series # 308 (Paz y Conflictos).

Kruijt, D. and Maks, M. (2004) *Een belaste relatie. 25 Jaar ontwikkelingssamen - werking Nederland - Suriname, 1975—2000 (A Troublesome Relation. 25 Years of Development Cooperation between the Netherlands and Suriname, 1975—2000)*. The Hague and Paramaribo: Ministry of Foreign Affairs and Ministry of Planning and Development Cooperation, 2004, part 1, part 2 (report 20361 # 13 to the Permanent Commission for Development Cooperation, Parliament of the Kingdom of the Netherlands and to the Permanent Commission for Development Cooperation, National Congress of Suriname) (the report was serialised by the Surinamesejournal *De West* between 3 and 9 March 2004).

Kruijt, D. and van Meurs, R. (2000) *El guerrillero y el general. Rodrigo Asturias Julio Balconi sobre la guerra y la paz en Guatemala*, Guatemala: FLACSO.

结 束 语

塞尔索·卡斯特罗，海伦娜·卡雷拉斯

【178】　　　本书的作者运用质性研究方法，对他们在军事背景下的研究经历提出了一系列重要而多样化的思考。根据这些经验，我们将提出一些一般的结论性意见，以及可能有助于其他研究者的具体建议。

　　虽然各个章节在所涵盖的主题、研究的国家/组织背景和实施的研究设计等方面相当多样化，但有一个方面与研究环境有关，使经验以一种相当特殊的方式具有可比性，那就是军事组织的制度同构。除了国家和军种间的差异外，军事组织还具有许多跨国家共享的结构和文化特征。军事人员通常要经历类似的职业社会化过程，并在日常生活中遵循基于纪律、服从、团队精神和等级制度的规范框架。这就解释了为什么不同国家背景的研究者可以分享在军事背景下开展的质性研究的某些特点和挑战，以及为什么该领域的研究者对与原型模式相矛盾或偏离的证据特别敏感，从而需要开展情境敏感分析。

　　一般来说，研究成功的一个关键问题是获得主管当局的准入和正式许可。这通常是通过军事机构中相关或值得信赖的个人的中介影响来实现的，研究者从他们那里借来了信任（用德克·克鲁伊特的话来说）。然而，获得访问权和正式授权本身并不能保证研究的顺利完成。从获得授权开始，研究目标的实现将取决于研究者在该领域建立互动的方式以及参与者对研究的看法。这一想法显然来自亚历杭德拉·纳瓦罗的工作，在他的工作中，准入被理解为一个关键、动态和灵活的过程，研究者必须通过这个过程进行持久谈判。此外，正如她所记录的那样，这一过程的性质和特征将决定整个实地工作的发展过程中的许多其他方面的选择。

【179】

如果研究者是内部人员、服役人员或在军队或国防相关职能部门工作的文职人员，这种情况可能会发生变化。尽管如此，证明研究的合理性和谈判准入仍然至关重要。本书描述的一些经验解释了这种情况，并进一步探讨了研究者与军事组织之间的特殊关系和伦理含义。兰格(Langer)和皮耶施(Pietsch)清楚地指出了这一困境：

> 对于那些在军队以外工作的研究者(例如在民间大学工作的人)来说，通常很难获得实地访问权；对于那些在军队内部工作的人(例如在武装部队的研究所工作的人)来说，自主选择研究主题和方法并自由发表研究成果的科学独立性可能会受到制度需求的限制。

虽然这一困境并不是军事环境下的研究所特有的(尽管在极端情况下可能会出现)，但作者为在合同研究背景下实施参与式方法的重要性提供了令人信服的论据，因为合同研究的结果可能会非常直接和广泛地影响参与者的生活。

这表明，如果以前的一些观察结果适用于一般的质性研究，那么军事背景下的研究就具有需要考虑的特殊性。首先也是最重要的是，在日常研究中，有必要学习如何处理一个以等级和纪律为显著标志的机构的独特性，这会形成一种独特的精神气质和团队精神。平民研究者通常会被视为"平民"这一类别的一部分，而这一类别不是不言自明的。重要的是要理解，军事身份在很大程度上是建立在脱离平民特征的基础上的，这在军事世界和外部世界之间象征性边界的构建中是显而易见的。这是塞尔索·卡斯特罗和皮耶罗·C. 莱纳的研究所贡献的一个发现，他们用丰富的经验证据记录了这种象征性分类在军事机构中产生的影响，以及对研究的实施和结果产生的影响。特别重要的是卡斯特罗的基本观点，即平民/军人或朋友/敌人等二元性不是描述性术语，而是军事世界观的结构类别，属于情境逻辑和关系逻辑。因此，这些都是历史范畴，需要重新定义和转变。

本书中的一些章节引入了额外的元素，使这些两级类别之间的对立变得复杂。其中包括查尔斯·柯克提出的观点，即存在不同程度的"内部性"，在同一个研究总体中，内部性的优势和挑战在不同的环境中也可能

有所不同。同样，德克·克鲁伊特的研究经验使他认识到，军事领域的"陌生人"或局外人可能是一个存在多个子分类的对象；公众与他所说的具有军事和安全意义的"大家庭平民"（外交官、历史学家、社会和政治科学家）之间经常有区别，公众与军事和安全事务有明显不同，而大家庭平民则在某些条件下被允许进入"借来的信任"范围。这种情况可能与建立信任的微观互动模式有关，也可能与一个国家或历史关头的军民关系的宏观模式有关。例如，正如德尔芬·德肖·鲍默在她的章节中所表明的那样，在法国草案结束的具体历史情况下，或者在德国独特的军民关系下，研究者很可能被认为是军事领域和社会之间的中间人。在德肖·鲍默的例子中，研究者代表的是学术界和科学界。当组织变革促进军事和民事领域之间的相互渗透时，来自社会的承认和与社会的联系变得越来越重要。因此，不同的军民关系模式会影响研究经验。

因此，在本书的各种贡献中，得到一个共同的结论是，由于个人身份特征的差异，作为经验或组织的内部人或外部人各有其优点和缺点，这在很大程度上取决于研究背景。

研究者还必须做好准备，面对对其工作的重大外部控制。在不陷入阴谋论观点的情况下，他们的步骤很可能会被仔细观察。以下这些研究者的经历和分析都充分表明了这一点：皮耶罗·C. 莱纳关于军方试图绝对控制人类学家的笔记，卡雷拉斯和亚历山大关于控制和监视方面的性别差异的评论，哈达德和乌加以及朱万关于研究者在选择采访对象时缺乏控制而导致风险的评论。因此，至关重要的是，研究者必须准备好持续反思他们进入军事现场的情况，以及他们自己和研究是如何被呈现和被感知的，并知道这种感知可能会在研究过程中发生变化。

虽然研究者的这种自我意识是本书所有章节的共同特征，但利本伯格将其作为其论点的中心，强调了自我民族志视角的优势。研究者的个人经历和人生轨迹影响他们参与研究的总体动机、主题选择、方法策略，以及收集和处理数据的方式。因此，暴露和揭示研究者的自我可能被视为提高

研究透明度和责任感的一种方式。

关于性别问题，研究者普遍认为，尽管在性别方面存在着越来越平等的普遍趋势，但军队仍然保持着男性主导的风气。目前还不清楚这对研究【181】是有积极影响还是有消极影响——事实上，可能两者都有——但这无疑是一个需要持续关注和监测的方面。例如，在提到研究者的性别时，德肖·鲍默描述了作为一名年轻女性研究军事环境的积极方面，以及这种身份特征如何帮助研究者与受访者建立共情和融洽关系。其他研究者则强调了女性在军事环境中进行研究的缺点和制约因素。正如卡雷拉斯和亚历山大指出的，重要的一点是理解研究经验将受到各种因素的影响，包括研究者和参与者的性别、身份、研究设计，以及研究背景和主题的性别性质。即使在性别体系之外没有中立点可以进行无偏见的研究，也应该认识到性别的显著性是偶然的。因此，性别如何重要的问题只能在情境和背景敏感的评估框架内得到回答。

建立信任和尊重，就像获得访问权限和获得正式授权一样，是研究成功的决定性因素。在军队这样的世界里，人们的行为比在其他情况下更容易被看到和受到控制，保证提供给研究者的信息具有匿名性和保密性通常是至关重要的。这是在研究项目结束后以及研究结果公布时仍然存在的问题。重要的是要理解，有时信息的传播可能对参与者不利。

到目前为止，我们所指的是一般军队，强调了军队的共同特点。然而，尽管本书中的所有研究者都使用了这个宽泛的类别，但不应将其自然化；相反，应该超越其表面上的简单性和同质性来理解它。国家、等级和代际差异可能是决定性的。一个特别的方面需要我们注意：从研究者的角度来看，对研究对象的感受可能会出现重大差异。无论在多大程度上寻求中立，与参与过战斗和经历过极端生死情况的服役人员建立融洽关系，与那些主要从事官僚职业为主的人建立融洽关系，仍然存在显著差异，这与偶尔参加实地演习的公务员几乎没有什么不同。同样，从道德和关系的角度来看，与参与过政治镇压或侵犯人权的军人接触可能会带来相当大的挑战。

作为一般性建议，本书收集的经验表明，明智的做法是坚定地站在明确的研究者的立场上，避免做出评价和判断，并试图理解参与者的行为和动机。

【182】　　　最后，我们希望这本书能为未来军事研究中的质性研究提出一系列重要的问题和建议。如果研究方法不仅被理解为工具，而且被理解为对社会世界进行更深入理解的反思之旅的轨迹，那么承认其他研究者的经验无疑是实现这一目标的有用手段。

索　引

（索引页码为原书页码，即本书边码）

method 方法 64；reflection in research narrative 研究叙事中的反思 61；results and lessons learned 成果和经验教训 62-63；rigor 严格 51；roles of individuals 个人角色 65；shared experiences 分享经验 59；shared material 共享材料 59；summary and conclusions 摘要和结论 62-63；writing up 撰写 60

autonomy　自主性 31

B

Bacchetta，C.　C. 巴凯塔 142

backtalk-focus group　回嘴焦点小组 42

Balconi，Julio　胡里奥·巴尔科尼 166,168-169

Barlösius，E.　E. 巴洛修斯 32-33,37-38

Beaud，S.　S. 博德 135,136

Becker，H.　H. 贝克尔 98,134-135,140

behaviour，adaptation　行为,适应 135

Berger，Peter　彼得·伯格 10

bodily hexis　身体习性 25,28

borrowed trust　借来的信任 158

【184】

bounded exotic groups　有边界的外来群体 19

Bourdieu，Pierre　皮埃尔·布迪厄 25,99,135,136,140

Bouterse，Desi　德西·鲍特瑟 163-166

Brazil：military and civilian worlds　巴西:军事和平民世界 9-11；political context 政治背景 8-9

Brazilian military：collection of information　巴西军方:情报收集 79；focus of research on ~的研究重点 8；relations with anthropology ~与人类学的关系 69-70；see also relations of control 另见控制关系

broader casing　广泛案例 53,55,57,59,62,65

Brunswijk，Ronnie　罗尼·布伦瑞克 164

Bryman，Alan　艾伦·布莱曼 61

Bundeswehr Institute of Social Sciences（SOWI）　德国联邦国防军社会科学研

interaction ～作为社会互动 142；as socially grounded information sources ～作为社会现实的信息来源 133－135；see also qualitative interviewing ISAF 2010 另见国际安全援助部队 2010 年的质性访谈 35；see also cross-cultural competence study 另见跨文化能力研究

J

Jaffe，Alexandra　亚历山德拉·贾菲 19,21

Jelušič，L.　L.耶鲁希奇 123,124

K

Killworth，Paul　保罗·基尔沃思 21,24

King，Anthony　安东尼·金 21

Kogovšek，T.　T.科科夫斯克 119,122

Kosovo case study：context and overview　科索沃案例研究：背景和概况 106－107；research design and preparation 研究设计与准备 107－108；research topic 研究主题 108－109；researcher characteristics 研究者特征 109；spaces and culture of research 研究的空间与文化 110－112；summary and conclusions 摘要与结论 112

Kourou Accord　库鲁协议　165

Krueger，R. A.　R. A.克鲁格 150

Kühner，A.　A.库纳 42

L

Labaree，R. V.　R. V.拉巴里 19－20,23

Lagroye，Jacques　雅克·拉格罗耶 135－136

Lallement，Michel　米歇尔·拉勒门特 142

Lang，Kurt　库尔特·朗 1

Langer，P. C.　P. C.朗格尔 42

language：in comparative research　语言：比较研究中的 ～142；and institutional cultures ～和制度文化 71－72；special 特殊的～ 135

O

Oakley, Ann　安·欧克利　99

objectivity　客观性 136

Okely, J.　J. 奥克利 19

openness　开明 25,158

oral history　口述史 173

otherness　他者性 36

P

Padfield, M.　M. 帕德菲尔德 101

Papler, P.　P. 帕普勒 124

participants, as reflexive agents　参与者，~作为反思动因 32

participating observation　参与观察 8,116

participation, refusal of　参与，拒绝~ 126

patterns, searching for and constructing　模式、搜索和构建 18

Patton, M.　M. 巴顿 119

peacekeeping missions see Kosovo case study　维持和平特派团参见科索沃案例研究

pedagogy　教育学 140

peerdebriefers　同行评议员 50-51,57

perceptions, as social realities　感知，作为社会现实的~ 149

permanent negotiation　持久谈判 178-179

perseverance, need for　毅力，需要~ 89-94

personal documents　私人文件 170

personal experiences: Alejandra Navarro　个人经历：亚历杭德拉·纳瓦罗的~ 87-95; Celso Castro 塞尔索·卡斯特罗的~ 9,12-13; centrality of ~的中心性 54; Charles Kirke 查尔斯·柯克的~ 17-18,20-21,22,24-25; Dirk Kruijt 德克·克鲁伊特的~ 169; Ian Liebenberg 伊恩·利本伯格的~ 52-56,58; Piero C. Leirner 皮耶罗·C. 莱纳的~ 70-77,78-79,80; of